学習者端末　活用事例付

算数教科書のわかる教え方

1・2年

石井英真〈監修〉
京都大学大学院教育学研究科准教授

樋口万太郎〈著〉
大阪府・私立香里ヌヴェール学院小学校教諭

学芸みらい社
GAKUGEI MIRAISHA

はしがき

　しばしば「教材研究」が重要だと言われますが、「教科書を教えること」と「教科書で教えること」との違いや、教科書についてその限界もふまえた使いこなし方などについて学ぶ機会は、大学の教職課程においても現職研修においてもあまりないのではないでしょうか。また、資質・能力ベースをうたう2017年版学習指導要領によって教科書も大きく変わり、「主体的・対話的で深い学び」の実現のためにそれをどう用いていくのかも課題です。さらに、GIGAスクール構想の進展により、一人一台端末を用いて個別最適な学びを大事にする授業展開や、デジタル教科書への移行も見据えながらアナログとデジタルとのベストミックスのあり方も実践的な課題となっています。

　そこで、本シリーズは、特に若い先生方へ向けて、算数科の教科書の特徴や意図を押さえながら、また、学習上の難所への理解を深めながら、教科書を使いこなし、子供たちの学習の質を高めるために、教材や授業をどうひと工夫していけばよいのかを提案します。さらに、発達段階もふまえながら、算数におけるICT活用の方法や授業への組み込み方についても提案します。

　本シリーズは、低学年、中学年、高学年の三巻に分かれています。低学年は、樋口万太郎先生（元・京都教育大学附属桃山小学校、現・香里ヌヴェール学院小学校）に、中学年は、志田倫明先生（新潟大学附属新潟小学校）に、高学年は、加固希支男先生（東京学芸大学附属小金井小学校）に執筆を依頼しました。いずれも算数科としての授業研究に精力的に取り組まれ、かつICT活用についても算数科の教科の本質との関係で具体的に取り組みを進められている先生方です。

　同じシリーズではありますが、それぞれの序章で、私の方で、算数の授業改善の方向性についてポイントを共通にまとめる一方で、本論自体は、形式や主張を統一するよりも、各学年の発達段階の違いを意識しながら、それぞれの先生方の個性が見えるような形で自由に執筆いただきました。それぞれの先生方の具体的な実践のノウハウのみならず、その背後にある教材研究に

向かう姿勢や思いや思想のようなものも読み取っていただき、それぞれの違いや共通性も読み比べてみるとよいでしょう。

　特に、低学年編の樋口先生の著述では、「問題提示→解き方の説明→まとめ→練習問題」という算数教科書の構成や、測定領域での「直接比較、間接比較、任意単位、普遍単位」といった、算数の各領域の学習で繰り返される活動のパターンなど、算数の教科書を読む上でまず知っておくべき基本的な事柄が具体的に示されています。これはそういう意味だったのか、こうやって考えるとよいのか、これくらいなら自分でもできそうと思える、小学校の先生方の等身大の悩みに寄り添う記述で、若い先生方にとってもとっつきやすい内容となっています。よく行われている実践の問題点を指摘する際も、自分も昔はそうしていたというフォローがあり、共感意識を高める書き方になっており、これがいいと断言するような完成版を提示する姿勢ではなく、工事中の途中段階への読者参加を促すような著述は特徴的です。

　また、ICT活用についても、具体的な個別のツールの紹介や、デジタル教具とアナログ教具の使い分けの表も示されており、一人一台端末を用いた授業づくりのヒントが多く盛り込まれています。何より、単元丸ごと授業を考えることとタブレット端末を使用した実践との相性の良さが示され、1時間ごとの細部にこだわりすぎず、単元のざっくりした構造をスライド1枚程度にまとめるやり方は、授業づくりの新たな入り口の提案として興味深いものです。こうして単元単位で、内容を横断する抽象化された見方・考え方をゴールにしているからこそ、数概念の系統的指導の観点からは論争的な部分はあるでしょうが、指で計算することや筆算を十の位から足すことをまずは認めてもよいのではないかという、一般目線の柔軟な対応も示されます。この提案の先に、読者が自分なりの実践を肉付けしていくことが期待されます。

　最後になりましたが、学芸みらい社ならびに担当の樋口雅子氏には、本シリーズの企画から刊行にいたるまで、多大なご支援をいただきました。ここに記して感謝申し上げます。

石井英真

目　次

序章　算数で「教材研究する」ことと「数学する」ことの楽しさ

京都大学大学院教育学研究科　准教授

石井　英真

1 改めて、「教材研究」とは何か

2 教科書との付き合い方

3 一単位時間よりも「単元」という単位で考える

4 「主体的・対話的で深い学び」を生み出す教材研究のあり方

第一部　教科書から授業にどう落とし込むか

1 算数教科書はどんな構造になっているか —教材研究の視点

2 算数教科書をどう読み解くか

3 算数教科書の教材研究のポイント

4 算数教科書で単元計画・授業計画を どう立てるか

5 算数学習を楽しくする アイデア＆アイテム

第二部 「難単元」のわかる教え方

1 1年生の授業実例 「くりさがりのあるひき算」

2 2年生の授業実例 「たし算とひき算」

序章　算数で「教材研究する」ことと「数学する」ことの楽しさ

1 改めて、「教材研究」とは何か

①教科内容と教材を区別すること

　教材研究を行う上では、教える内容（教科内容）とそれを教えるための素材や活動（教材）とを区別することが出発点となります。その上で、教科書などで教材化されている素材や活動の内容や趣旨を理解し、その価値をその教科の本質との関係で捉え直してみること（教材解釈）と、教科内容のポイントをふまえた上で、教科書に挙げられている教材を微調整したり、差し替えたりして、新たな教材（ネタ）を生み出すこと（教材開発）、そうした教科内容と教材との間を往復する思考が重要となります。

　ここに示した教科書の一節を例に具体的に説明しましょう。長さ比べをして「はした（半端）の長さ」をどう表すかを考える場面で何を教えることが期待されているのか。センチメートルからメートルへの単位換算ではないか。いや小数ではないか。ポイントとなるのは、「⑦は30cmぐらいかな」というイラストの女の子の発言です。⑦は三つ分でちょうど1mになる。小数では0.333…mとなりすっきり表せないけれど、「分数」を使うとすっきり表せる。つまり、この場面は、「分数」概念を教える導入場面なのです（教材解釈）。しかし、分数を教えるのであれば、ホールケーキ、ピザなど、丸いものを等分する場面の方が、子供たちの生活とつながるのではないかと、教科書で示された場面とは異なる教材の可能性に思い至ります（教材開発）。一方で、なぜ教科書はそうした不自然な場面で教えるのかと再度立ち止まって考えることで、分数指導の争点である、割合分数（「2mの3分の1」）と量分数（「1/3m」）

の違いへの理解が深まります（教材解釈）。こうして教科書の意図をふまえた上で、量の意味を強調しつつ１枚の折り紙で教えるといった別の教材の可能性を探ることもできるでしょう（教材開発）。

このように、教師自身が教えるべき内容の本質や価値を認識し、教えたい内容を明確にしていくとともに、それを子供が学びたいと思える教材へと具体化していく、そして、より子供の興味を引くもの（具体性）でありかつ、それに取り組むことで自然と教えたい内容が身につくもの（典型性）へと練り上

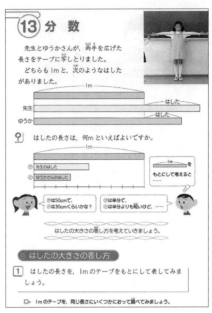

新興出版社啓林館「わくわく算数　3年下」
2011 年度版

げていく、この一連の飽くなき追究の過程が教材研究なのです。

足し算の計算式で単位をつけなかったり、掛け算で計算の順序が違ったりしていると×にされたといったことが、学校の特殊ルールや謎ルールとして批判の対象になることがあります。それらの多くは、計算の意味理解を図り、長期的に見て子供のつまずきを減らすための先人の知恵であったのが、形骸化したものが多いのです。そうした素朴な「なぜ？」を大事にすることが、教科書の読み解きにつながり、教材理解を深めるでしょう。

②教材研究の二つの道筋

教材研究には、教科書などをもとに教えるべき内容を明確にした上で、それを子供が学びたいと思う教材へと具体化するという道筋（教科内容の教材化）だけでなく、日常生活の中の興味深いモノや現象や出来事の発見から教材化に至る道筋（素材の教材化）もあります。たとえば、「関数」を教える教

材として、ブラックボックス（「傘（かさ）」の絵を入れると「坂（さか）」の絵が出てくる（さかさに読む働き）といったクイズ的なものから始まり、3を入れると5が出てくる（$y=2x-1$という働き）といった数学的なものへと展開する）を用いるという場合、ブラックボックスは、「関数」概念の基本構造をわかりやすく教えるために、典型性を備えた教材として設計されています。一方、漫画「ドラえもん」の「バイバイン」の話をもとに、5分に一度2倍に増える栗まんじゅうの行く末を考えることで指数関数（$y=2x$）について学ぶ授業は、ネタの発見から教材化に至った例と捉えることができます。

　教える内容を眼鏡（ものごとをとらえる枠組み）にして、あるいは、子供たち目線で彼・彼女らが何に追究心をくすぐられるかを想像しながら、日常生活を見渡せば、新聞、テレビ番組、電車の中の広告、通学路の自然や町並みの中に、教材として使えそうなネタが見つかるでしょう。気が付くとネタを探してしまうアンテナができ始めたらしめたもので、教材研究の力はぐんぐん伸びていきます。

　また、教科内容から出発するにしても、素材から出発するにしても、教材化する前提として、どうしてもこれは子供たちに伝えたい、つかませたい、教えたいというものを、そもそも教師は持てているでしょうか。「関数」とは何でそれを学ぶことにどんな意味があるのか、子供の学習に先立ってこうした問いに教師自身が向き合い、教師が一人の学び手として納得のゆくまで教材をかみ砕きその価値を味わう経験も忘れてはなりません。

② 教科書との付き合い方

　教科書との付き合い方として、しばしば「教科書を教える」ではなく「教科書で教える」という言い方がなされてきました。教科書に書いてある事柄を、網羅的に教えるべき教科内容として捉え、それらを無批判に受容し、教科書べったりで授業を進めるのではなく、教科内容と教材とを区別し、教科

　書の内容や教材や記述について批判的に分析を加え、不十分な部分は補助教材を活用したりしながら、まさに先述の教材研究の基本をふまえて、教科書を最大限に生かしていくという意味がそこには込められています。

　このように書くと、教科書は絶対でその通り教えないといけないのではないかという声が聞こえてきそうです。そうした教科書の絶対視に陥らず、教材の工夫や組み替えの余地があることを知る上で、同じ教科の複数の会社の教科書を比較検討してみるとよいでしょう。

　たとえば、動かせぬ系統があるように思われる算数科でも、「小数」と「分数」のどちらを先に指導するかといった内容配列のレベルで、教科書会社による違いがみられるし、同じ内容を教えるのに異なった題材や活動が用いられています。また、現行の教科書では、学習指導要領で示された資質・能力ベースの改革の趣旨をどう具体化するかが課題となっており、見方・考え方、学んだことを現実世界や数学世界で生かすこと、学び続けていくことにつながる課題発見や振り返り、主体的で対話的で深い学び、知識の定着の問題などが、各社共通に意識されてはいますが、その受け止め方はさまざまであり、強調点にも違いがみられます。

　そもそも教科書はその性格上、教材としての制約や限界も持っています。第一に、公教育の場で全国的に用いられる検定教科書は、特定の地域や立場に偏らないよう構成されています。たとえば、教室や生活に即した問題場面が示されるにしても、どこにでも当てはまりそうで実際にはどこにも当てはまらないような一般的な形で、いわば顔なしの文脈として書かれていて、子供たちが実際に住む地域や彼らの生活の風景から場面を再構成しないと、子供たちにリアリティや問題の切実性を感じさせることはできません。また、課題提示のし方なども、無難で優等生的なものになっており、現実の子供の感性や情動をくすぐるようなひと工夫が必要となります。たとえば、九九表のきまりを見つけるにしても、ただ見つけなさいと指示するのではなく、虫食いになっている九九表の隠した部分について、どこを隠したのかを見なくても、真ん中の数を聞くだけで、その合計がわかるという、手品師的演出をして、子供たちを課題に引き込んでいくわけです。

第二に、教科書では紙面の制約ゆえに、たとえば、国語科において原作からの削除・圧縮や改作が行われたり、理科や社会科において事象や因果関係の説明が不十分だったり、算数・数学科において問題と問題の間に飛躍があったりします。それらのポイントを見極め、内容を補足したり行間を埋めたりすることが必要です。逆に、これらの限界を意識することで、教材や発問のヒントを得ることもできます。たとえば、原作との表現の違いを掘り下げることで、原作の構成や表現の巧みさに気づかせる、「幕府をひらく」というあいまいな表現の意味を突っ込んで吟味することで、「そう言われてみれば、幕府をひらくとはどういうことだろう」と思考を触発する、あるいは、最初の問題（例：最大公約数を使って、縦18cm、横12cmの方眼紙を、余りが出ないように<u>できるだけ大きな正方形に分ける</u>）で学んだ方法をそのまま当てはめるだけでは解けない問題（例：同じく最大公約数を使うが、男子36人、女子48人を、余りが出ないように、<u>できるだけ多くの</u>、同じ人数構成のグループに分ける）であることを生かして、グループで挑戦する発展問題として位置づける、といった具合です。

　こうした制約を自覚しながら、内容、素材はもちろん、数値の選び方や内容配列の意味、さらには、単元や授業の組み立て方について、すみずみまで学びつくすことが重要です。研究授業のために教材研究をするときなど、子供にとって食いつきのいいネタにしさえすればよいと、教科書を無視した恣意的な教材開発になってはいけません。教科書は、数値一つにこだわって作成されており、繰り上がりのある足し算の導入が9＋4なのにも意味があり、なぜ計算問題の順序はこうなっているのかを考えることで、教材の本質に迫ることができるし、単元、さらにはより長いスパンの系統性に気づくこともできるでしょう。

❸　一単位時間よりも「単元」という単位で考える

①学力の三層構造を意識する

ある教科内容に関する学力の質的レベルは、下記の三層で捉えられます。個別の知識・技能の習得状況を問う「知っている・できる」レベルの課題（例：穴埋め問題で「母集団」「標本平均」等の用語を答える）が解けるからといって、概念の意味理解を問う「わかる」レベルの課題（例：「ある食品会社で製造したお菓子の品質」等の調査場面が示され、全数調

図1　学力の三層構造

査と標本調査のどちらが適当かを判断しその理由を答える）が解けるとは限りません。さらに、「わかる」レベルの課題が解けるからといって、実生活・実社会の文脈での知識・技能の総合的な活用力を問う「使える」レベルの課題（例：広島市の軽自動車台数を推定する調査計画を立てる）が解けるとは限りません（図1）。そして、社会の変化の中で学校教育に求められるようになってきているのは、「使える」レベルの学力の育成と「真正の学習（authentic learning）」（学校外や将来の生活で遭遇する本物の、あるいは本物のエッセンスを保持した活動）の保障なのです。

なお、図1で、「使える」レベルが「知識の有意味な使用と創造」となっているのは、それが実用性重視のみを意味しないことを示しています。関数を眼鏡にコロナの感染状況の推移を読み解くといった、「数学を使う」活動だけではなくて、「数学を創る」活動、すなわち、定理の証明や発見といった数学者の数学する活動も含むというわけです。また、「使える」レベルの円の中に「わかる」レベルや「知っている・できる」レベルの円も包摂されているという図の位置関係は、知識を使う活動を通して、知識の意味のわかり直し・学び直しや定着も促されることを示唆しています。基礎を固めないと応用に

進めないと考えすぎると、復習中心の授業になり、やる気をそぐことになってしまうのに注意が必要です。

　学力の質的レベルをふまえると、「考える力を育てるかどうか」という問い方ではなく、「どのレベルの考える力を育てるのか」という発想で考えていかねばならないことが見えてきます。従来の日本の教科指導で考える力の育成という場合、基本的な概念を発見的に豊かに学ばせ、そのプロセスで、知識の意味理解を促す「わかる」レベルの思考力（解釈、関連付け、構造化、比較・分類、一般化・特殊化（帰納的・演繹的推論）など、理解志向の思考）も育てるというものでした（問題解決型授業）。

　しかし、「かけ算」や「わり算」といった個別の内容を積み上げていくだけでは、それら一つ一つをいくら豊かに学んだとしても、目的や場面に応じて使用する演算を選ぶ経験などが欠落しがちとなります。よって、現実世界の文脈に対応して個別の知識・技能を総合する、「使える」レベルの思考力（問題解決、意思決定、仮説的推論を含む証明・実験・調査、知やモノの創発など、活用志向の思考）を発揮する機会が独自に保障されねばならないのです。「わかる」レベルの思考と「使える」レベルの思考の違いに関しては、ブルームの目標分類学において、問題解決という場合に、「適用（application）」（特定の解法を適用すればうまく解決できる課題）と「総合（synthesis）」（論文を書いたり、企画書をまとめたりと、これを使えばうまくいくという明確な解法のない課題に対して、手持ちの知識・技能を総動員して取り組まねばならない課題）の二つのレベルが分けられていることが示唆的です。「わかる」授業を大切にする従来の日本で応用問題という場合は「適用」問題が主流だったといえます。しかし、「使える」レベルの学力を育てるには、折に触れて、「総合」問題に取り組ませることが必要です。「使える」レベルのみを重視するということではなく、これまで「わかる」までの二層に視野が限定されがちであった教科の学力観を、三層で考えるよう拡張することがポイントなのです。折に触れて「使える」レベルの思考の機会を盛り込む一方で、毎時間の実践で豊かな「わかる」授業が展開されることが重要です。

②単元単位で考えることの意味

　最近の教科書の単元展開は、学力の三層を意識したものになってきています。教科書はおおよそ見開き２頁で、課題把握、自力解決、集団解決、適用題・振り返りといった流れで、毎時間を「わかる」授業として展開できるよう工夫されています。毎時間の終わり、単元の終わりには、「知っている・できる」レベルの知識・技能の習熟を促すための問題も用意されています。さらに、単元全体を見ると、単元を貫く問いや課題が設定されていたり、単元末に知識・技能を実生活で活用したり、発展的に探究したりする「使える」レベルを意識した課題が設定されていることも多くなっています。

　内容ベースからコンピテンシー・ベースへの改革が進行する中で、「五角形の内角の和が求められる」といった個別の内容ではなく、「多角形の内角の和の求め方がわかる」という汎用性の高い概念、さらに、「既習の内容に帰着させて考える」という算数科の学び方や見方・考え方を育てることが求められます。そのためには、単元内で、あるいは単元を超えて本質的な思考を繰り返すことが重要となるのです。また、一人一台端末を活用して一人一人の子供たちが自由に学ぶ機会を生かす上でも、１時間単位ではなく、単元という比較的長いタイムスパンで計画を考えることで、大きなゴールに向けて学習順序の自由度を高めたり、複線化したりすることもしやすくなるでしょう。

　なお、「使える」レベルをめざして教科の実践を進めるに当たって、発達段階をふまえた具体化の必要性を指摘しておきたいと思います。たとえば、小学校低学年のうちは、「わかる」レベルの学習活動を軸に、生活経験をもとに基本概念を豊かに学ぶ授業が主となるでしょう。小学校中学年になり、抽象的・概念的思考の力が発達してくるに伴って、生活的概念から科学的概念への再構成のプロセス（「わかる」レベルの思考過程）を自覚化したり、知識・技能を総合する「使える」レベルの学習活動を組織したりすることが求められるでしょう。「わかる」ことを軸にしながらも、単元末にやや教師主導で、学んだ内容の眼鏡としての意味を実感させたり、研究者や市民がするような

ホンモノのプロセスのエッセンスを子供たち主体で経験させたりすることはできるでしょう。

さらに、小学校高学年から中学校になり、問いと答えの間はより長くなります。それに伴い、「使える」レベルのパフォーマンス課題への取り組みや、「わかる」レベル、あるいは「使える」レベルの思考過程自体を意識的に指導していく工夫もより求められるようになるでしょう。また、「使える」レベルの思考を活性化する「真正の学習」は、教科を学ぶ意義や自己の生き方を問い、内面世界を構築していく思春期の子供たちのニーズに応えるものでもあるでしょう。

④ 「主体的・対話的で深い学び」を生み出す教材研究のあり方

① 「主体的・対話的で深い学び」をどう捉えるか

学習活動は何らかの形で対象世界・他者・自己の三つの軸での対話を含みます。主体的・対話的で深い学びは、この学習活動の三軸構造に対応するもの（対象世界とのより深い学び、他者とのより対話的な学び、自己を見つめるより主体的な学び）として捉えることができます。主体的で対話的な学びの強調については、手法化による活動主義・技術主義が危惧されました。これに対して、教科の学びとして中身のある活動や話し合いになっているかを問うものとして、「深い学び」の必要性が提起されました。それは、子供たちが対象世界（教材）と向き合っているかどうかを問うものといえます。

主体的・対話的で深い学びをめぐっては、学習者中心か教師中心か、教師が教えるか教えることを控えて学習者に任せるかといった二項対立図式で議論されがちです。しかし、グループで頭を突き合わせて対話しているような、主体的・協働的な学びが成立しているとき、子供たちの視線の先にあるのは、

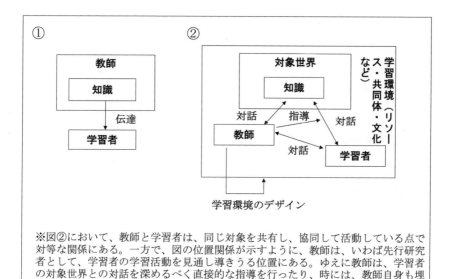

※図②において、教師と学習者は、同じ対象を共有し、協同して活動している点で対等な関係にある。一方で、図の位置関係が示すように、教師は、いわば先行研究者として、学習者の学習活動を見通し導きうる位置にある。ゆえに教師は、学習者の対象世界との対話を深めるべく直接的な指導を行ったり、時には、教師自身も埋め込まれている学習環境をデザインする間接的な指導性を発揮したりするのである。

図2 教室における子供と教師の対話関係

教師でも他のクラスメートでもなく、学ぶ対象である教材でしょう。

　授業という営みは、教師と子供、子供と子供の一般的なコミュニケーションではなく、教材を介した教師と子供たちとのコミュニケーションである点に特徴があります。この授業におけるコミュニケーションの本質をふまえるなら、子供たちがまなざしを共有しつつ教材と出会い深く対話し、教科の世界に没入していく学び（その瞬間自ずと教師は子供たちの視野や意識から消えたような状況になっている）が実現できているかを第一に吟味すべきです。教科の本質を追求することで結果としてアクティブになるのです。

　教師主導は教師を忖度する授業（図2-①）に、学習者主体は教材に向き合わない授業になりがちです。教師主導でも学習者主体でも、子供たちを引き込み、成長を保障する授業は、図2-②のように、問題や題材や教材といった「材」を中心に置いて、それを介して教師と子供、子供同士が向かい合い、ともに材に挑む「共同注視」の関係性になっているものです。

「材」を中心に置いて教師も子供たちとともに材を介して対話する「共同注視」の関係性は、一人一台端末の活用においてこそ重要です。教師や教科書が想

定する正答を忖度することなく、必ずしもそれらを経由せずに、端末の先に
広がる情報や知やつながりに子供たち一人一人が直接アクセスして学んでい
くこと、同じ画面や世界をともにまなざしながら個性的な学びに伴走する教
師の役割が重要でしょう。

② 「教科する」授業をめざす

　授業をアクティブなものにすることと教科の本質を追求することとを結び
つけ、かつ「真正の学習」を実現する授業づくりのヴィジョンとして、「教
科する（do a subject）」授業（知識・技能が実生活で生かされている場面や、
その領域の専門家が知を探究する過程を追体験し、「教科の本質」をともに「深
め合う」授業）を提起したいと思います。それは、子供たちにゆだねる学習
活動の問いと答えの間を長くしていくことを志向していると同時に、教科の
本質的かつ一番おいしい部分、特にこれまでの教科学習であまり光の当てら
れてこなかったそれ（教科内容の眼鏡としての意味、教科の本質的なプロセ
スの面白さ）を子供たちに経験させようとするものです。

　教科学習の本来的意味は、それを学ぶことで身の回りの世界の見え方や関
わり方が変わることにあります。「線対称」や「点対称」について学んだ上で、
改めて日常の中で美を感じる形や模様を見直し、自分の身の回りにそれが生
かされていることに気づくことで、そうした対称関係を生かして造形したり、
ものの配置を考えたりするようになるといった具合です。それは、教科内
容の眼鏡としての意味を顕在化することを意味します。

　また、教科の魅力は内容だけではなく、むしろそれ以上にプロセスにもあ
ります。たとえば、算数においては、定型的な問題が解けることよりも、目
新しい問題に対して、問題と格闘して、自分なりに方針を立てたり、解ける
ことだけで満足せず、なぜそうなるのかという手続きの意味を考えたりする
ことが大事だと、たいていの教師は言うでしょう。しかし、多くの授業にお
いて、この問題を解くためにはこの小課題を解く必要があると、問題の分
析やアプローチの仕方まで教師がおぜん立てして、あとは機械的に解くだけ

ということになっていないでしょうか。子供が自分たちで手続きの意味について議論するのではなく、教師が一方的に説明して終わりになっていないでしょうか。証明する活動も、図形問題の一種として、技能として学ばれても、論証する、「数学する（do math）」機会は保障されていないのではないでしょうか。多くの授業で教師が奪ってしまっている各教科の一番本質的かつ魅力的なプロセスを、子供たちにゆだねていく。ここ一番のタイミングでポイントを絞ってグループ学習などを導入していくことで、ただアクティブであることを超えて「教科する」授業となっていくのです。

　教材研究の結果を子供たちに教えるのでなく、教材研究のプロセス（教師自身が経験し楽しさを感じた「教科する」プロセス）をこそ子供たちと共有することが大切です。「深い学び」を実現する手がかりとして各教科の「見方・考え方」が示されていますが、それは子供たちにゆだねている学びのプロセスが本質を外していないかどうかを判断する手がかり（教材研究の視点）と考えることができます。「見方・考え方」については、スキル化、リスト化して教科書にちりばめ直接指導しようとする傾向もみられますが、正解（遵守すべき型）のように捉えるのではなく、一つの手がかりとして、それぞれの学校や教師がその教科を学ぶ意味について議論し、学びのプロセスに本質を見出す目を磨いていくことが重要です。

【参考・引用文献】

・新興出版社啓林館「わくわく算数　3年下」（2011年度版）、P39

・石井英真（2015）『今求められる学力と学びとは——コンピテンシー・ベースのカリキュラムの光と影——』日本標準

・石井英真編（2017）『小学校発　アクティブ・ラーニングを超える授業』日本標準

・石井英真編（2020）『小学校　新教科書ここが変わった　算数』日本標準

・石井英真（2020）『授業づくりの深め方』ミネルヴァ書房

・石井英真・河田祥司（2022）『GIGAスクールのなかで教育の本質を問う』日本標準

❶ 算数教科書はどんな構造になっているか —教材研究の視点

①算数教科書の特徴とは

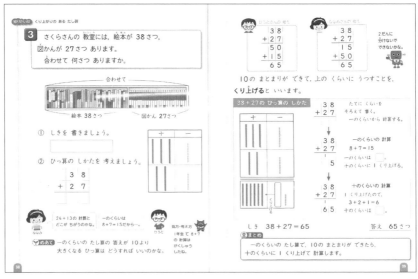

（学校図書2年上38・39ページ）

　算数の教科書は、「問題提示→解き方の説明→まとめ→練習問題」という基本的な流れで作られています。上記の教科書の場面も次のページに練習問題があります。

　場合によってはまとめで終わったり、まとめが書かれていなかったりすることもあります。

　また、1時間単位で「問題提示→解き方の説明→まとめ→練習問題」という基本的な流れで、1～3ページにわたって書かれているということも特徴といえるでしょう。

　だから、教科書を見れば、教師はこのような流れで授業を進めていけばよいことがわかりますし、子供は思考の流れ、大切なことなどがわかるようになっています。教師にとっても、子供にとっても親切な構成といえることでしょう。

　しかし、授業を進めていく上でこの段階では子供たちには見せたくない情報が出てきてしまうこともあります。例えば、左のページだと①は「しきを書きましょう」という課題にもかかわらず、下を見ると38+27という筆算が載っています。これでは、問題文→式と考えなくても、立式することができます。また、学習を始める前からもうまとめを見ることもできます。デジタル教科書では、そういった見せたくないところも隠しておくことができる機能もあります。

　このように、教師も子供にとっても親切な構成となっている一方で、教科書の使い方によっては学びを妨げてしまう可能性もあるということです。

　また算数の教科書は学習指導要領をもとに作成されるものです。今回の学習指導要領では、【数学的な見方・考え方】、【主体的・対話的で深い学び】といったことがキーワードになります。子供たちが【数学的な見方・考え方】を働かすことができるように、教科書会社によって違いはあるものの、吹き出しでコメントが書かれていたり、問題が工夫されていたりします。【主体的・対話的で深い学び】を実現することができるように、この時間で働かせてきた数学的な見方・考え方を振り返る場や統合・発展的に考えていくような展開を設けるようにも教科書は作られています。

　最後の練習問題は、深い学びの追体験や習熟といったように構成されています。

単元の終わりには、以下のように基礎的・基本的な学習内容の理解を確認し、技能を定着させるページもあります。

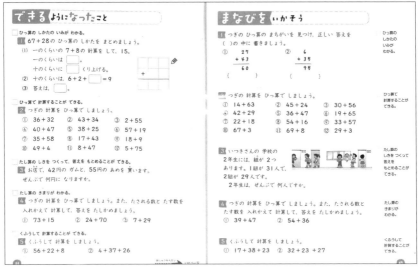

(学校図書2年上44・45ページ)

問題の上や右の部分には、「ひっ算のしかたのいみがわかる」「ひっ算で計算することができる」と書いているように、単元の学習内容を確認するための工夫があります。間違えるとその内容のところに戻り、復習をすることもできます。

また、右の画像のように単元で学習してきたことを日常（現実）の世界、算数・数学の世界で活かして学びを深めるといったページもあります。

教科書会社によって、ページの表し方は異なりますが、ねらいは共通しているといえます。

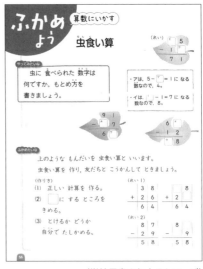

(学校図書2年上56ページ)

②算数教科書からどのようなつまずきが生まれるのか

算数教科書でどのようなつまずきがあるのかについて、

(1) 正解主義という思考によってつまずく

(2) 既習ができていないためにつまずく

(3) 日常生活との違いによってつまずく

(4) 発達段階で仕方のないつまずき

(5) 既有体験の乏しさによってつまずく

(6) 統一されていないことによるつまずき

(7) 子供の素朴な思いによるつまずき

という7つに分類をしてみました。

(1) 正解主義という思考によってつまずく

　私は初めて1年生を担任したときに、算数の教科書の薄さにビックリしました。6年生の教科書とくらべると3分の1ぐらいの厚さになります。また文字の大きさ、行間も6年生とくらべると大きいです。「これを1年間⁉」「一瞬で終わってしまうことができそう……」と思ったことがあります。2年生でも厚さは3分の1ぐらいではありませんが、同様のことを思っていました。

　しかし、実際には1年間でこの薄さでも充分といっていいほどの学習内容がありました。では、なぜ上記の私のように考えてしまうのでしょうか。

　算数は「答えを求めることができたらよい」と思っている、正答主義の思考の子供や教師は多くいます。「答えに辿り着くためのプロセス」をあまり大切にしない子供や教師は多くいます。これが原因ではないかと考えています。

　また、このような思考であれば、教科書をこなしていくという思考になりがちです。

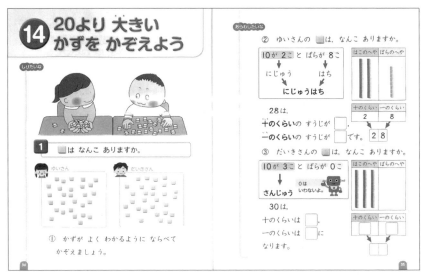

　上のページに載っている教科書を見てみると、空欄になっている箇所は
たった8箇所です。教科書を読みながら、この空欄を埋めるだけであったら、
10分もかからないことでしょう。

　しかし、よく見ると 10 が□個、ばらが△、十の位、一の位といった表記が
あるように、このページは0から9の10個の数字を使って数を表す方法であ
る【十進位取り記数法】について学習しているところになります。

　28、30 と表すだけでなく、なぜ 28 と 30 と表すことができるのか、10 のま
とまりを意識するといったことをわかっておかないといけません。

　正答主義という思考ではそういったことを大切にしないため、5年生の小
数の学習で、各位の単位間の関係につまずいたり、2桁同士のたし算やひき
算でつまずいたりしてしまうおそれがあります。

1年生単元「ひき算」には次のような問題があります。

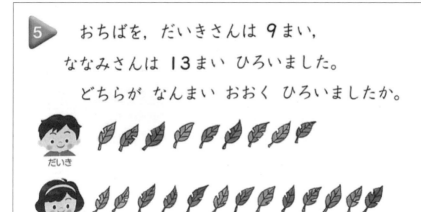

5 おちばを, だいきさんは 9まい,
ななみさんは 13まい ひろいました。
どちらが なんまい おおく ひろいましたか。

だいき

ななみ

（学校図書1年下17ページ）

　式は 13 − 9 = 4、答えはななみさんのほうが4枚多いということが正答に
なります。

　しかし、式を 9 − 13 = 4 と書き、答えをななみさんのほうが4枚多いと書
く子がいます。このように立式している子たちは、

「問題に出てきた数の順番通り」

に立式をしています。これは問題と式が関連づいていないこと、問題を把握
することができていないことが原因です。数の順番通りで立式することがあ
る程度通用するのは、2年生の途中までです。それ以降は通用しなくなりま
す。式・答えを求めることができればよいという正答主義の意識の子に起き
やすいつまずきだと考えています。

　教科書に書かれていない「どうしてこの式になるのか説明をしよう」「問題
を絵や図で表してみよう」といった活動を取り入れることで、問題と式を関
連づけていく力を養うことはできます。

⑵ 既習ができていないためにつまずく

　前ページで 13 − 9 ＝ 4 の式を、9 − 13 ＝ 4 と間違えて書いてしまうことに対して、正答主義の意識が原因ということを書きましたが、「既習ができていないためにつまずく」ということも原因としてあります。

　13 − 9 ＝ 4 の式を、9 − 13 ＝ 4 と間違えたり、答えを 3 や 5 と間違えたりしてしまったときには、「この問題につまずいてしまった」と思いがちです。しかし、実はつまずくための石になる存在はもっと前にあります。

　1 年生の難しい単元といえば、くりあがりのあるたし算、くりさがりのあるひき算です。上記の問題もくりさがりのあるひき算です。くりあがりのあるたし算、ひき算は単元に入る段階で、この子はつまずいてしまうのではないかとある程度予想することができます。先行学習をしていないから、つまずいてしまうのではないかという話ではありません。つまずきと先行学習は関係がありません。

　算数科は系統立った教科です。つまり、くりあがりのあるたし算、ひき算につながる単元がもうこれまでに出てきているということです。

　くりあがりのあるたし算、ひき算につながる単元は、「いくつといくつ」「たし算」「10 より大きい数」「3 つの数の計算」です。

　この中でも特に、1 学期に学習する「いくつといくつ」です。「6 はいくつといくつ？」と聞かれると、「4 と 2」「2 と 4」とすぐに答えることができたり、「6 と 4 でいくつ？」と聞かれると「10」とすぐに答えることができたり、「10 は 4 といくつ？」と聞かれると「6」とすぐに答えることができたりといった合成・分解ができているかが、これ以降の単元においてもベースになるということです。つまり、既習ができていないため、つまずく可能性があるということです。だから、くりあがりのあるたし算につまずく子は「いくつといくつ」に戻って、既習であるいくつといくつを学習しなおしたほうがよいと考えています。それが、AI 型ドリルによって容易になってきている現状はあります。

　また、くりあがりのあるたし算、ひき算につながる単元は次のように単元が系統立っています。

いくつといくつ……合成・分解

↓

たし算……たし算

↓

10より大きい数……10＋□、10のまとまり

↓

3つの数の計算……□＋□＋□

　このような既習をもとに、くりあがりのあるたし算、ひき算の学習は成り立っています。だから、つまずいたときには前の単元に戻ることがオススメです。ただ、つまずきを解消するための反復練習になってしまうと、算数への嫌悪感を抱く要因になるかもしれません。知識・技能だけでなく算数の本質的なことも復習する必要があります。

　また、問題をイメージ、問題を把握するために絵や図を描くこと、教具を使うこと、算数以外のノート指導においてもこれまでの積み重ねがないと、使うことができません。既習がないとつまずいてしまうということです。系統立った指導ではなく、1時間、1時間ごとの断片的な学習ではつまずいてしまう可能性が高まるということです。

　この年代の子供には、指を折って計算をする子がいます。指を折って計算をするという方法は、教科書には載っていません。いずれは指を使わずに計算ができるようにならないといけません。しかし、無理矢理に使わせないようにすることはやめましょう。指を使っている子は、指を使うことを考えるアイテムとして使用しています。無理にやめさせると、その子はアイテムを失い考えることができなくなり、つまずいてしまう可能性があります。だから、指を使うことを認めつつも、違う考えるアイテムを教えていくということをしていると、いずれ子供は指を使わなくなります。

⑶ 日常生活との違いによってつまずく

　アナログ時計の時刻を読むこともつまずきが多い学習です。スマホやデジタル時計で日常生活は溢れています。そのため、アナログ時計を読む経験が減っているため、時計を読む力が弱まっていると言われていることを聞いたことがありますが、私が教師になった17年前からアナログ時計の時刻を読むことを苦手としている児童は多いと言われていましたので、昔から変わらず苦手としている学習と言えることでしょう。

　小学校は基本的にアナログ時計しかありません。1年生の4月、入学してきた子供たちは時計を見て、行動をすることがあります。「40分まで休憩ですよ～」といった指示は子供たちには通りません。

「数字が8になるまで休憩ですよ」といったように、時計の文字盤が書かれている数字をそのまま子供たちに伝える必要はあります。とはいっても、まだ小学校では数字を学習していません。だから、模型の時計や大型モニターに時計を映し出し、8に長針が指している様子を見せたりします（1年生からどんどんタブレット端末を使用させていた樋口学級では、「先生、休憩が終わるまで何分ありますか？」と聞き、私が答えた時間をタイマーセットしている子もいました）。

　このように学校生活と日常生活の間にも違いが存在しています。では、子供たちは時計の学習でどのようなところにつまずくのでしょうか。

　・時計では1と書いているのに5分のことを表す
　・1周している目盛りが100ではなく60になっている
　・数字が12から始まっている
　・数字が12→1といったようになっている
　・1つの時計で「時」と「分」の両方を読まないといけない

などのところでつまずきます。

　日常生活、基本的な算数の学習では10進法です。しかし、時計は60進法です。そう考えると、子供がつまずいてしまうことはある意味、仕方があり

ません。「なぜ？　60？」とわからなくなっているのでしょう。

　では、なぜ時計は10進法ではなく、60進法なのでしょうか。みなさんは説明することができますか。

> 　緯線・経線の360度をさらに60の部分に分け、それをさらに60分割するというものです。こうして60分の1度を1とする「分」、60分の1分を1とする「秒」という角度の単位が生まれました。
>
> （「なぜ1時間は60分なのか？」
>
> https://nlab.itmedia.co.jp/nl/articles/1903/13/news072.html より引用）

という理由です。こういった理由を教科書に書いていれば、子供たちは納得してはくれるかもしれませんが、内容を理解しても、時計を読むことができるのかは別問題といえるでしょう。

　2年生の時間を求める学習では、

> 10時20分から50分読書をしました。何時何分ですか。

といった問題で、10時70分で止まってしまっている子もいます。前述の樋口学級の子供のように、「今から○○分間する」といったとき、答えを求めるのではなくタイマー機能を使うことが多いことでしょう。そういった日常生活とのズレや時計は60進法ということが子供の中にストンと落ちていないのでしょう。

　もちろん時計の学習も系統立っています。しかし、時計の学習の時間数は1年生では2〜4時間程度です。時計の学習ばかりに時間を使うわけにはいきません。普段の生活の中でも取り組んでいく必要があります。

⑷ 発達段階で仕方のないつまずき

　低学年の子供たちは「さんかく」「しかく」「まる」という言葉は知っています。日常生活の中でも、上記の言葉は使用していることでしょう。しかし、形に対するとらえ方はまだまだ曖昧です。

　同じ形であっても、大小や色、位置によって別の形と認識してしまいがちです。また身の回りにあるものの多くは立体であるため、平面図形と立体図形の弁別も感覚的なものであり、立体図形と平面図形にも同じ言葉を使用することもあります。また立体図形を描かせると、奥行きのない平面図形のような形（右図）を描いてしまいます。

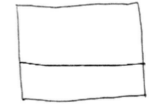

　これはできていない・わかっていないということではなく、この年代の子供たちでは仕方がないことです。こういった曖昧なとらえ方や認識をしてしまうことを解消していくのが、算数の授業となります。

　ピアジェの「発達段階論」では、

　第1期：感覚運動期（0〜2歳）
　第2期：前操作期（2〜7歳）
　第3期：具体的操作期（7〜11歳）
　第4期：形式的操作期（11歳以降）

というように4つの段階に分けることができます。低学年は第2期：前操作期の終わり、第3期：具体的操作期のはじめといった時期です。もちろん個人差はあります。7〜11歳は具体的操作期とされ、記号操作などの抽象的思考はその後の形式的操作期で可能になるといわれ、具体的操作期の子供の思考は具体物を介して行われるとされています。だからといって、具体的操作だけをしておいたほうがよいというわけではありません。頭の中に対象とする事柄のイメージを思い描いて操作するという念頭操作も行っていくことが大切になってきます。念頭操作がなく具体的操作だけでは、3年生でつまず

く原因を作ってしまう可能性があります。

27 ページで、計算をするときに指を使うということを書きましたが、指を使う子供は数字を指に置き換えて具体的に考えている姿ともいえます。頭の中で考える念頭操作よりも、数字を指に置き換えて考えていくほうがわかりやすいのです。

「いずれ子供は指を使わなくなります」とも書きましたが、念頭操作の力を養っていけば、具体的操作をしなくても済むようになっていくということです。

発達段階を考えてタブレット端末を使っていくかどうかを決めていく必要もあります。

⑸ 既有体験の乏しさによってつまずく

図形領域を苦手としている子供は多くいます。特に、以下のような空間認識力の問題を苦手としています。念頭操作が必要となってくる問題です。

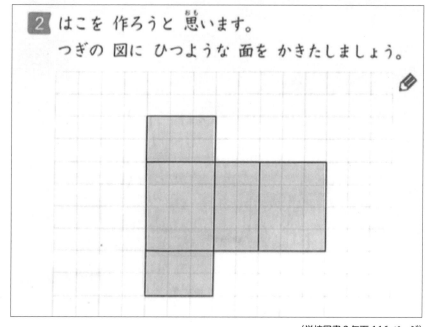

(学校図書2年下116 ページ)

もちろん単元の中で、具体的に箱を作ったりしていく経験やここに面があると箱になるなと念頭操作をしていく経験を積んでいく必要があります。しかし、それだけでなくこれまでどれほどこういった既有体験をしているのかということも大きく関係しています。

　私の経験則になりますが、小さい時からプラモデルを作ったり、LEGO やブロックで多く遊んだりしている子は、そんなに苦手としない傾向にあると思っています。既有体験の乏しさにより、つまずきが起きていることもあると考えています。

　教科書には書いていませんが、こういった既有体験の乏しさを埋めるために樋口学級ではパターンブロックやマグネットブロックを置いておき、休み時間に自由に使ってもいいようにしていました。

　既有体験でいうと、今後子供たちは現金を使っての買い物をする経験が減っていくのではないかと考えています。現金を使う代わりに、キャッシュレス決済での支払いが増えてくるように思います。

(6) 統一されていないことによるつまずき

　2年「たし算の筆算」の学習です。右のように 46 + 48 の答えを筆算で求めるという問題があったとします。答えは、94 となるわけですが、みなさんに考えて欲しいことがあります。

　くりあがりの「1」をみなさんは以下の1〜3のどこに書きますか。

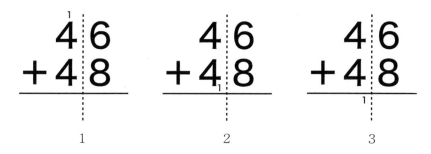

1　　　　　　　2　　　　　　　3

　SNSでアンケートを実施（313人回答）したところ、

　1を選択した人……194人

　2を選択した人……43人

　3を選択した人……76人

という結果になりました。

　圧倒的に多かったのが1の計算の仕方です。1を選択した方は、

・くりあがりの1を忘れずに計算をすることができる

といったメリットがあるから選択されたのでしょう。

　しかし、

・かけ算の筆算になったときには1の方法ではなく3の方法になる。そう考えると、統一するために最初から3で行うほうがよいのでは
・1だと「1＋4＋4」といった3口の数のたし算になってしまう

といった反論が返ってくるでしょう。

しかし、その３の方法に対しても、

・くりあがりを大きく書いてしまって、814 と書いてしまう子がいる
・その１を忘れてしまう

といったデメリットの意見も出てきます。

　つまり、メリットだけのベストな方法はないということです。

　そして、なぜ上記のようなアンケート結果になるのでしょうか。

　実は、教科書会社によって書く位置が異なります。塾や参考書でも書く位置が異なります。「くりあがりの１はここに書きます」ということが統一されていないことによって起こります。様々な情報を得ている子供にとってはどこに「１」を書いていいのかわからなくなり、つまずいてしまう可能性もあります。

　「私が小さいときに習っていた（算数の）方法と違うため、子供に教えることができません」という保護者に出会ったことはありませんか。実は統一されていないため起こる問題なのです。保護者は学校と違うことを子供に教えてしまうことで、我が子がつまずいてしまわないのか心配をしているのです。このような相談を受けたとき、私は「そんなことは気にせず教えてください。大切なことは別にありますから」と言うようにしています。大切なことは「１」をどこに書くかではありません（大切なことは別という話は65・66ページをご覧ください）。

　統一されていないことは他にもあります。例えば、かけ算です。オリンピック・パラリンピックの陸上などを見ていて、4 × 100 という式表現を見たことがあるでしょう。4 は 4 人、100 は 1 人 100 という意味です。日本では、100 × 4 と一般的には表します。

　本稿で話題にした筆算の形にしても国によって異なります。このように世界を見ても統一されていないことがあるということです。

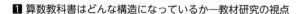

(7) 子供の素朴な思いによるつまずき

2年「たし算の筆算」の学習です。右に 12 + 34
の筆算があります。みなさんはこの筆算を一の位、
十の位のどちらから計算をしますか。

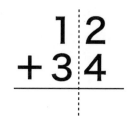

十の位→一の位……1 + 3 = 4　2 + 4 = 6
だから 46。

一の位→十の位……2 + 4 = 6　1 + 3 = 4
だから 46。

これは多くの方は「一の位→十の位」を選択されたことでしょう。この計算では大丈夫だけれど、12 + 39 といったくりあがりのあるたし算の筆算のときには、「一の位→十の位」のほうが適切だと考えるため、くりさがりのないたし算の筆算のときから指導しておくことが適切だと考えたことでしょう。

しかし、子供の中には「どうして十の位から計算をしたらダメなのか」と思う子はいることでしょう。十の位から足す子、一の位から足す子はいます。これは子供たちの素朴な思いです。決して、十の位から足している子が間違えているというわけではありません。そろばんでは十の位から計算をしていきます。

SNS でそろばんを学習していた方にアンケートを実施したところ、

十の位→一の位……62%（39 票）
一の位→十の位……38%（24 票）

という結果（全 63 票）が出ました。やはり十の位からする方は一定数いるということです。

私はくりあがりがないたし算のときには一の位から計算することを強制しなくてもいいのではないかと考えています。くりあがりのあるたし算の筆算のときに、一の位から計算をする良さに子供自身が自然と実感することができるのではないかと考えています。そうすることで、子供の素朴な思いを解

決することができると考えています。素朴な思いを解決することなく進んでしまうと、自分の思いばかりを意識してしまい、つまずきになってしまうおそれがあります。

（ちなみに、くりさがりのあるひき算のときには素朴な思いを扱うのではなく、単元のつながりを考えて、「くりあがりのあるたし算の筆算の方法がくりさがりのあるひき算の筆算でも使うことができるのかな」と問うことでしょう）

　私のこの方法が正解というより、それぞれの教育観や授業観が関係していることでしょう。また目の前の子供たちの実態によっても変わってくることでしょう。

　ここまで、7種類のつまずきについて書いてきました。つまずきを見つけるためには、自分で問題を解いてみる必要があります。また、子供たちがどのようなところにつまずくのかを考えてみることも大切です。また先行事例や教育書から子供のつまずきを知るということも大切です。

※つまずきを知るために参考になる書籍
・数学教育協議会『算数・数学つまずき事典』日本評論社、2012
・小島宏『算数授業つまずきの原因と支援』教育出版、2005
・熊谷恵子『通常学級で役立つ　算数障害の理解と指導法─みんなをつまずかせない！　すぐに使える！　アイディア48』学研プラス、2018

③子供への学習ガイドとしての活用

　算数の教科書は、問題があって、答えに辿り着くための考えがあって、答えを書くスペースがあります。答えが載っていないだけで、参考書のように自力で進めることができます。

　そのため、私は、拙著『３つのステップでできる！ワクワク子どもが学びだす算数授業♪』にて、子供がこの単元で大切な見方を働かせた後は、自分のペースで教科書やAI型ドリルやプリントを進める時間を単元内に設けることを提案しています。ただ、教科書に掲載されている順に取り組んでいくということは、子供自身が何も過程を考えなくても、学習を進めていくことになりかねません。これでは、何も考えない子供になってしまう可能性があります。だから、子供がこの単元で大切な見方を働かせる（拙著では見方・考え方をセットすると書いています）時間が必要ということです。

　教科書には多様な考えが載っています。先行学習の子供たち、正解主義の思考の子供たちは「答えに辿り着くための考え」をもう知っている！と思い、多様な考えをとばしてしまいがちです。こういった子供たちは、「答えに辿り着くための考え」は１通りだけで満足してしまいがちです。他の考えを知るための学習ガイドとしても教科書を活用することもできます。

　例えば、くりあがりのあるたし算には、

①加数を分解する
②被加数を分解する
③加数と被加数のそれぞれの５をたしていく

といった考えが載っています。

　この３つの考えを先行学習で全てわかっている子供はそう多くはありません。

　３つの考え方を全て子供たちがわかる必要がないのではと主張される方がいます。以前の私もそのように思っていました。しかし、この問題を見てみ

てください。３つの考えで似ている
ところはどこか考えるようになって
います。考えることで、「10のまと
まり」という共通点を見つけること
ができます。この「10のまとまり」
はこの単元で働かせたい見方・考え
方です。だから、教科書で出てくる
考え方はわかるようになっておきた
いものです。

　全体で考え方を交流していくと
き、本当にそれぞれの考え方を子供
たちがわかっているのか不安に思う

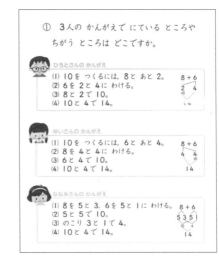

（学校図書１年下６ページ）

ことがあるでしょう。子供たちは「わかったよ」と言っていたとしても信頼
してはいけません。私は、子供たちに「わかったということは人に説明がで
きる」ということだよと伝えています。

　そこで、「○人に考えを説明をしてみよう」という活動を取り入れるように
しています。

38

　そして、しっかり内容が伝わってきたのであれば、相手のノートやタブレット端末にサインをするようにしています。

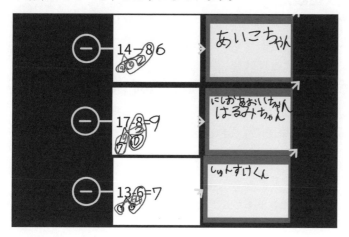

　授業で、この３つの考え方が全て出てこない場合もあります。以前の私は、

・子供が必要としていないのにヒントカードを提示
・あたかも誰かがつぶやいたかのように、「そう言えば○○ということを言っていたけど」と架空の人物のヒントを提示
・賢い子たちが言ってくれるのを頼る

といったことをしてきました。
　しかし、現在はこのタイミングで教科書をガイドとして活用します。
「実はもう１つ考え方が載っているんだよ。どんな考え方か教科書から探してごらん」
と言い、自分で情報を収集する活動を取り入れます。このような活動で教科書を資料集のように使うことができます。前述のように探して終わりではなく、知った考えを説明する活動を取り入れます。さらには、違う問題を提示し、探した考え方で問題を解くような活動を取り入れます。
① 教科書から探す　→ ② 説明をする　→③ 考え方を使ってみるというようにインプットだけでなくアウトプットもセットにした活動を取り入れることが大切です。

④教科書の数値設定

　教科書の数値はよく考えられて設定されています。教科書の問題をアレンジして、数値を変更するときにはしっかりと考えないといけません。

　数値について、まずはくりあがりのたし算の前単元「たし算」の導入場面で考えてみましょう。

　1時間目のたし算の答えは「5」までの数です。答えが5になるまでの式を書き出してみると、

1 + 4 = 5、2 + 3 = 5、3 + 2 = 5、4 + 1 = 5

1 + 3 = 4、2 + 2 = 4、3 + 1 = 4

1 + 2 = 3、2 + 1 = 3

1 + 1 = 2

という 10 の式があります。

　式は加数、被加数が同じ数字にならないほうがいいです。同じ数字だと、加数、被加数のどちらの話をしているのかわからなくなるからです。このように考えると、

1 + 4 = 5、2 + 3 = 5、3 + 2 = 5、4 + 1 = 5

1 + 3 = 4、3 + 1 = 4

1 + 2 = 3、2 + 1 = 3

と8つの式に絞られます。

　さらに、数字が連続していないほうがいいです。1 + 2 = 3、1 + 4 = 5などのように全て連続していると、「2の次の数字を書けばいいのか」「数えたしをすればいいのか」と思ってしまう子がいるからです。このように考えると、

3 + 2 = 5、4 + 1 = 5

3 + 1 = 4

2 + 1 = 3

とさらに4つの式にまで絞れます。

この場面では数図ブロックを使って考えることが多いです。

このとき、加数のブロックを1個1個動かすのではなく、まとめて動かせるという体験を子供に積ませたいです。このように考えると、

3 + 2 = 5

という式が残ります。

では、くりあがりのたし算「9 + 3」「9 + 4」はどうしてこの数値設定になったのでしょうか。

くりあがりのあるたし算は「10のまとまり」を見つけることが大切です。

9 + 3だと、3を1と2に分解し、9 + 1 + 2として、10 + 2を作り出します。10 + 2は既習で、12とすぐに求めることができます。

9 + 4だと、4を1と3に分解し、9 + 1 + 3として、10 + 3を作り出します。10 + 3は既習で、13とすぐに求めることができます。

どちらの式にも共通しているのは9です。9の場合は、「あと1あれば10になる」ということに、7、8の数値よりも子供たちが気づきやすいからです。だからといって、3 + 9や4 + 9ではいけません。この式だと、加数である後ろの9ではなく、被加数である3や4を分解したくなります。38ページでは、3つの考え方が載っている教科書の様子を掲載していますが、このページの授業は導入場面ではありません。導入では、加数を分解する学習が一般的です。そのため、3 + 9や4 + 9ではなく、「9 + 3」「9 + 4」という式に設定されています。6といった数値（例えば、「9 + 6」「6 + 7」「7 + 6」）が導入場面で敬遠されるのは、加数を分解する子、被加数を分解する子といったように考えが分かれてしまうからです。

9 + 2だと、2を1と1に分解し、9 + 1 + 1として、10 + 1を作り出します。8 + 4だと、4を2と2に分解し、8 + 2 + 2として、10 + 2を作り出します。このとき、前述のように「1」や「2」がどちらの1や2を示しているのか混乱するおそれがあるということになります。

このようにしっかりと考えられた上で教科書の数値が設定されています。だから無闇に数値を変更することは、子供の学びを妨げることになる可能性もあります。

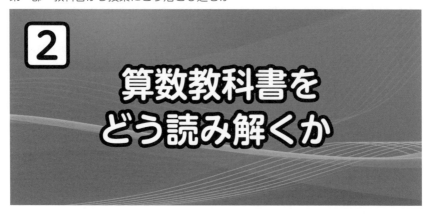

2 算数教科書を どう読み解くか

①このページでどういう授業をするか

　３つの単元を紹介します。この３つの単元で、どのようにタブレット端末を使用していくのかということを考えながら、読み進めてください。

⑴ １年生「くりあがりのあるたし算」の導入場面

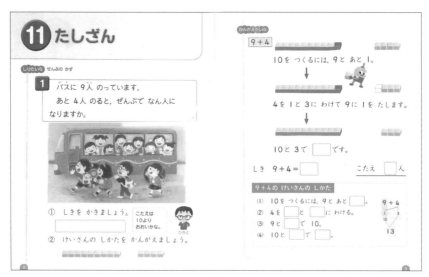

（学校図書１年下２・３ページ）

　この学習では、まず問題文や挿絵をもとに立式をします。挿絵があることで、子供たちは問題のイメージを持ちやすくなっていることでしょう。立式後、9 + 4 の計算の仕方をブロックを使ったり、絵をかいたりして考えていきます。このとき、9 に 1 をうつして、10 ができるといったように、

---

10 のまとまり

ということに着目して考えていくことが大切です。

　10 のまとまりに着目して、ブロックを使ったり、絵をかいたりして考えてきたことを最後は右下のように手順をまとめていきます。

⑵ 2年生「かけ算⑴」の導入場面

のりものに のっている 人の 数を しらべましょう。

（学校図書2年下5・6ページ目）

　このページではかけ算の意味について理解する場面です。かけ算というと、九九を暗記するという側面が強いですが、こういった意味理解も大切になってきます。

最初に、乗り物に乗っている人数を調べていきます。そして、どのように数えたのか子供たちに聞くことで、コーヒーカップに乗っている全部の人数には1台に3人ずつ6台分で18人と表せるということを全体で共有します。この

1台に□人ずつ○台分で△人

がかけ算の意味になります。この表し方を使い、他の乗り物に乗っている人数を表していきます。

そして、1台に□人ずつ○台分で△人ということを式では、□×○＝△と表すこと、「×」の書き順、このような式をかけ算ということをまとめます。このまとめをもとに、1台に□人ずつ○台分で△人で先程まとめた乗り物に乗っている人数を□×○＝△という式で表していきます。

⑶ 2年生「三角形と四角形」の導入場面

（学校図書2年上118・119ページ　イラスト：たちもとみちこ）

このページでは、点と点を直線で結ぶ活動をしています。三角形は3本の直線で囲まれた形、四角形は4本の直線で囲まれた形のことを言います。点

と点を直線で結ぶ活動は、それぞれの三角形・四角形の定義について子供自身が実感するためにあります。

　子供たちの中には、先行学習でどのような形が三角形なのか、四角形なのかという知識を獲得している子はいることでしょう。しかし、そういった知識だけでなく、こういった活動を行うことで実感することも大切です。

　概念は、比較→抽象→概括という過程で形成されているといわれています。

　この授業では、このあと「直線で囲んでできた形の仲間に分ける」という活動が行われます。これは「比較」にあたります。

　そして、仲間分けをしているなかで、それぞれの仲間の共通点を見出します。これが、「抽象」にあたります。

　最後に、共通点を言葉でまとめます。つまりは、定義づけをします。これが「概括」になります。

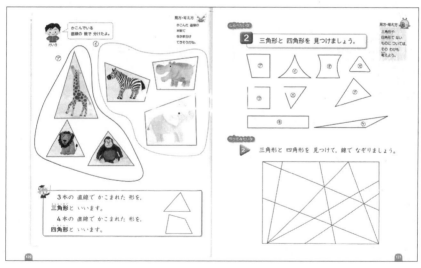

（学校図書2年上 120・121ページ　イラスト：たちもとみちこ）

　このように教科書の導入場面では、比較→抽象→概括という概念を形成するために構成されていることが多くあります。

右のページが２時間目の授業になります。ここでは不完全の形であったり、曲線の図形があったりします。三角形と四角形を見つけるだけでなく、それ以外の図形がどうして三角形と四角形ではないのかを考え、表現することで、１時間目に学習したことを使っています。そのため、より三角形・四角形について考えを深めることができます。

　また、下の問題も「線でなぞる」ということで、三角形は３本の直線で囲まれた形、四角形は４本の直線で囲まれた形ということを意識しながら、取り組みます。そのため、より三角形・四角形について考えを深めることができます。

②このページに ICT をどう活用するか

⑴ １年生「くりあがりのあるたし算」の導入場面× ICT

　42 ページで紹介した１年生「くりあがりのあるたし算」の導入場面について考えていきます。

　この導入場面でどのようにタブレット端末を活用していくのか、学習会やセミナーなどで考える場を何度か設けたことがあります。その中で考えられた活用で１番多かったのが、「バスに９人乗っており、そのバスに４人の子供が乗ってくるというアニメーションを見せる」ということでした。子供が問題のイメージを持つためには有効な活用方法ですが、今回の GIGA スクール構想は、子供が主語の ICT 活用の仕方です。この活用の仕方では児童１人１台タブレット端末の必要性はありません。教師用のタブレット端末１台で十分ということになります。これは、これまでの ICT 活用のイメージになります。だから、間違いではありませんが、これ以上の使い方が求められています。この導入場面では、４つの使い方をしました。

　１つ目は、問題をノートにうつす場面です。子供たちのノートを PDF にしておき、タブレット端末の中にデータを入れておきます。その PDF データに問題を書いていきます。子供たちは、画面に映っている問題をノートに

うつしていきます。

　2つ目は、子供たちが9 + 4の計算の仕方を考えるために以下のようなデジタル教具を使いました。

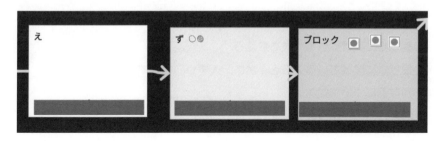

　子供たちが描いた、使った表現物です。

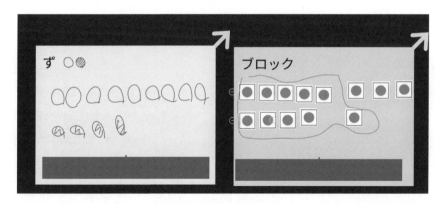

　3つ目は、授業の振り返りを書くときに活用をしています。1時間の授業を振り返り6つの視点から、「自分で選択」をして書いていきます（詳細は121・122ページに書いています）。

　4つ目は、単元表を配布した場面です（詳細は119・120ページに書いています）。単元表を使い、単元の学習の見通しを立てていきます。

⑵ 2年生「かけ算 ⑴ 」の導入場面× ICT

43・44 ページで紹介した２年生「かけ算⑴」の導入場面について考えてい
きます。

前述のように、

① 乗り物に乗っている人数を数える

② 乗り物に乗っている人数を１台に□人ずつ○台分で△人で表す

③ かけ算について知る

④ □×○＝△という式で表す

という流れになります。

「① 乗り物に乗っている人数を数える」では子供が人数を数えるときに書き
込みができるようにデータを渡しておきます、そこに子供は書き込みながら
考えていくようにします。子供たちの中には乗り物ごとに色を変えたり、数
字を書き込んだりしながら数えていました。

「② 乗り物に乗っている人数を１台に□人ずつ○台分で△人で表す」では、
以下のようなデータを配信し、１台に□人ずつ○台分で△人の□○△の部分

を色カードに置き換え、子供たちは色カードの中を埋めていきます(色カードは色を変えています)。

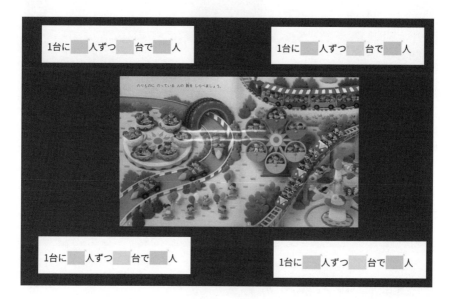

色カードの中を埋めるだけでなく、次のページのように、線を結ぶことで、

式とその場面を関連づけていく

ことができます。そうすることでかけ算の意味理解を深めることができます。これまでだと、教科書に書き込んだり、ノートに1台に□人ずつ○台分で△人ということを書き込んだりしていきましたが、どうしても一目で式とその場面が関連づくことがわかりにくかったです。

　また、カードの色分けをしているということで、「④ □×○＝△という式で表す」の活動では、ここで書き込んだことをもとに考えることができるため、どの子もわかりやすくなります。

　こういった線を結んだり、カードを位置づけたりしていくことができることは、タブレット端末ならではのことです。

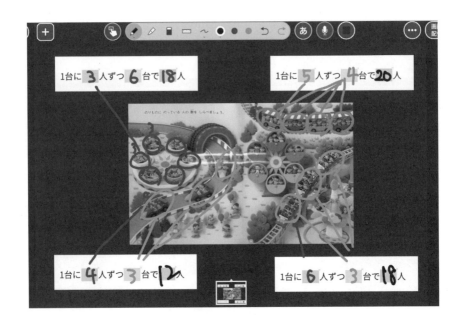

1台に **3** 人ずつ **6** 台で **18** 人

1台に **5** 人ずつ **4** 台で **20** 人

1台に **4** 人ずつ **3** 台で **12** 人

1台に **6** 人ずつ **3** 台で **18** 人

⑶ ２年生「三角形と四角形」の導入場面× ICT

44・45 ページで紹介した２年生「三角形と四角形」の導入場面について考えていきます。

２年生のタブレット端末実践の紹介の場、研究授業などで、私はこの「三角形と四角形」の単元を多く見てきました。

点と点を直線で結ぶ活動をタブレット端末上で行うという実践です。スライドに画像を貼り付けたものが次ページ画像になります。学習支援のアプリには直線を引く機能があります。その機能を使い、タブレット端末上で線を引く活動を行うということです。

こういった活動を行うとき、

タブレット端末上で線を引かなくてもこれまで通りに定規を使い教科書で線を引く活動でもいいのではないか

と言われる方がいます。

（イラスト：たちもとみちこ）

　みなさんはどちらが良いと思われるでしょうか。

　実は私も迷います。前述のように、三角形は３本の「直線」で囲まれた形、四角形は４本の「直線」で囲まれた形のことを言います。この「直線」で囲まれているということを子供たちが実感しやすいのは、これまで通りに定規を使った方ではないかと考えるからです。

（イラスト：たちもとみちこ）

　だから、タブレット端末上でこの活動を取り組むのなら、
「直線機能、フリーハンド機能のどっちを使ったらいいのかな」

と聞き、子供たちに「直線」ということを意識させることでしょう。

　この場面で、タブレット端末を有効に使うためには、「仲間を分ける」活動において、以下の教科書のように自分で直線を描いたものを分類・整理する場面だと考えています。自分たちで分類・整理をすることで、「３本の直線」「４本の直線」で囲まれているということに気づきやすくなります。

　自分で直線を描いたものを以下のように動かすことを現時点ではタブレット端末上ではできません。その代案として、

①紙で描いたものを一つひとつカメラで撮り、その画像を使い仲間分けをしていく。

②教師が用意した直線で囲まれているものを子供たちに渡し、それを使い仲間分けをしていく。

の２通りを考えています。ただ、私なら①で行っていきます。

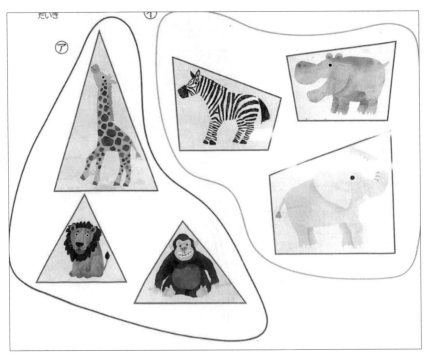

（イラスト：たちもとみちこ）

③算数教科書の新しいコンセプトとは

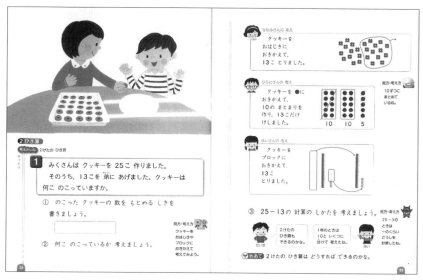

（学校図書2年上 32・33 ページ）

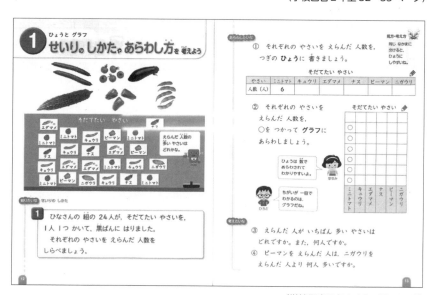

（学校図書2年上 12・13 ページ）

上のページの右上のところには、「10ずつまとめているね」と書いています。下のページには右上のところに「同じなかまに分けると、ひょうにしやすいね」と書いています。

　どちらもこの学習において、子供たちに気づかせたい見方・考え方について書いています。つまり、今回の算数の教科書には、

働かせたい見方・考え方に関連すること

が書かれているのが一つの特徴と言えることでしょう。

　42〜45ページで①「このページでどういう授業をするか」で紹介した3つの場面は、いずれも導入場面でした。導入場面で紹介しようと考えておらず、「教科書×ICT」と考え、実践を振り返ったときに出てきたのが、共通して導入場面でした。

　算数教科書の新しいコンセプトというより、これまでの算数教科書のコンセプトでもありましたが、教科書は「単元序盤」「単元中盤」「単元終盤」で少し変わっていきます。

単元序盤……単元を通して働かせていく数学的な見方・考え方、単元で学習
　　　　　する概念について学習します。
単元中盤……単元序盤でセットした数学的な見方・考え方を成長させながら、
　　　　　単元で学習する概念を豊かにしていきます。
　（私は数学的な見方・考え方はメガネだと考えています。そのメガネをセットして、単元に取り組んでいくというイメージを持っています）。
単元終盤……単元を通して働かせてきた数学的な見方・考え方、学習してき
　　　　　たことを単元全体を振り返ったり、深めていったりします。

　だから、教科書の1時間という断片的に見るのではなく、単元を通して、この1時間はどのような役割なのかということを考えていくことが大切です。また、いかに単元序盤が大切なのかがわかるのではないでしょうか。

　1年生単元「20より大きいかず」では、以下のような自作のデジタル教材

を提示し、「何円になりますか」という問題を一瞬だけ提示しました。提示された以下のものを、子供たちは1つずつ数えていました。

　しかし、一瞬の提示であるため、子供たちは数え終わることができません。また数え終えたとしても、28?　29?　30?と答えがバラバラです。

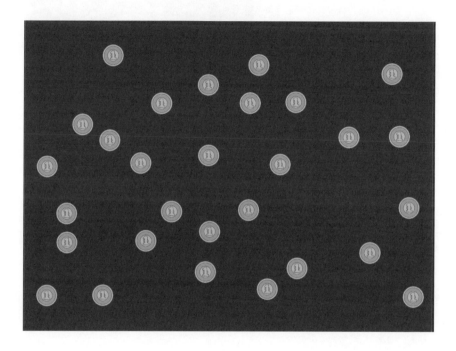

　一目で何円かはわかりません。子供たちからは、もう1度ゆっくり見せてほしいという声が上がります。

　そこで、「みんな正確に数えてよ」と言うと、「1円玉を動かしたい」「整列したい」「線を引いたりしたい」といった声が聞こえてきました。そこで、「工夫をして数えよう」と課題を共有し、上記のデータを子供たちのタブレット端末に提示し、工夫をして数える時間を設けました。子供たちは、次のページのように工夫をしながら数え始めます。

多くの子供たちは 10 のまとまりに着目をしながら、考えています。10 のまとまりが本単元で働かせたい見方です。

しかし、

① 整理をした上で、1 円ずつ数える

② 5 円ずつ数えていく

という考え方も出てきました。正直な話、子供たちはほぼ全員「10 のまとまり」に着目するのではないかと考えていましたので、少し想定外なところがありました。5 ずつ見ていくという見方はこれまでの学習でも出てきたことがあります。だから、子供たちから出てくるということは何も不思議ではありません。

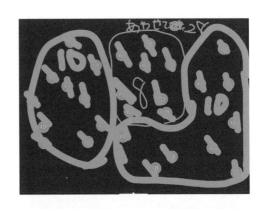

　ここで、単元中盤の学習で使用する予定だった教材（次ページの教科書の画像）を提示しました。そして、

「この問題だと、①　整理をした上で、1 円ずつ数える　②　5 円ずつ数えていく　③　10 ずつ数えていく　の①〜③のどの数え方を選ぶの？」

と聞きました。本当はこの教材は、「10 のまとまり」に着目して 2 桁の数で考えてきたことを広げ、3 桁の数で考えていく場面の教材です。しかし、あえて使い、上記のように聞きました。すると、子供たちは全員③ 10 ずつ数えていくという方法を選択しました。理由を聞くと、たくさんの数があるからといった理由でした。たくさんの数があるということにも着目することができています。

このような展開にせずに、教師が「10のまとまりで見ていこう」、「3つの中で、はやく・簡単・正確な考え方はどれかな」と聞き、子供に必要感がないにもかかわらず、考え方を言ったり、絞っていたりすることでは数学的な見方・考え方を働かせることができるとは言えません。

教科書においても、直接にそういった見方・考え方を見せるのではなく、子供たちが気づくような表記のされ方をしています。

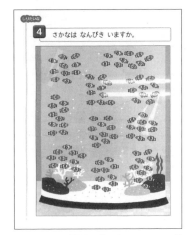

（学校図書1年下38ページ）

④算数用語・記号の吟味

算数科においても、算数科ならではの用語や記号が出てきます。では、学習指導要領で明記されている1年生の用語・記号、2年生の用語・記号はいくつあるでしょうか。実はそれほど多くありません。

	A 数と計算	B 図形	C 測定	D データの活用
1年生	一の位、十の位 ＋、－、＝			
2年生	＞、＜、×	直線、直角、 頂点、辺、面	単位	

1年生では5個、2年生では9個になります。学年が上がるにつれて、用語・記号の数は増えてきます。これらの用語を用いて説明をしたり、表現をしたりすることが大切です。

この数を見て、「え⁉　もっとあると思っていた」と驚いたかもしれません。たし算、ひき算、かけ算、正方形、長方形……といった用語はどうなる

のだと思われたかもしれません。本書では、こういった学習指導要領で明記されている用語・記号以外の言葉を「算数の言葉」というようにします。

　では、みなさん突然ですが、用語・記号の１つである「直線」について説明をしてみてください。もし可能でしたら、近くの方に説明をしたり、紙に書き出してみてください。

　続いて、算数の言葉である「たし算」について説明をしてみてください。

　最後に、算数の言葉である「三角形」について説明をしてみてください。

　どうでしょうか。「直線」→「たし算」→「三角形」といくにつれて、説明が曖昧になったり、みんなの説明が一致しなくなっていったりしたのではないでしょうか。

「たし算」について、算数教育指導用語辞典には、

> $a + b = \square$ で、$\square$ にあてはまる数を求めることをたし算という

と書かれています。言葉は違ったとしても、みなさん同じようなことを思い浮かんだのではないでしょうか。

「三角形」について、算数教育指導用語辞典には、

> 同一直線上にない３点を順に結んだ三つの線分で囲まれた平面図形を三角形という

と書かれています。たし算と違い少し答えるのが難しかったのではないでしょうか。角度のことを説明に入れたりしていた方もいることでしょう。角度は性質にあたります。数学の学習になれば、定義や性質についてはより明確になりますが、小学校ではそこまで明確に教科書にも書かれておらず、子供も教師もごちゃ混ぜになってしまうことがあります。

　用語・記号、算数の言葉の定義について教師が理解しているのかによって、授業づくりは変わってきます。三角形は前述のように定義づけられているため、三角形・四角形の教科書の場面では直線で囲むという活動が取り入れられています。つまり、

用語・記号、算数の言葉と活動がリンク

していないといけないということです。

　また、「たし算」が使われる場面は、

① ２つのある量が同時にあるとき、それらの２つの数量を合わせた大きさを求める。

② 初めにある数量に、ある数量を追加したり、増加したりしたときの全体の大きさを求める。

③ ある番号や順番から、幾つか後の番号や順番を求める。

の３つの場面があると言われています。教科書もこの３つの場面が出てくるように構成されています。①が合併、②が増加と言われます。こういったことは、教師側は知っておく必要があります。合併の場面で学習したことを、増加の場面で活用していく。そうすることで、学習したことが統合されていき、深い学びが実現されていきます。

　だから、私は授業を考えるとき、この単元で出てくる用語・記号、「算数の言葉」を自分の言葉で説明できるのか・できないのかのを確認するようにしています。そして、曖昧だった用語・記号、「算数の言葉」を以下のような本を使い、調べて直しています。

・日本数学教育学会『算数教育指導用語辞典』教育出版、2018

・武藤徹『算数・数学用語辞典』東京堂出版、2010

・平川賢『授業場面でわかる！　算数用語ハンドブック』東洋館出版社、2022

・算数用語集　算数用語とその指導のポイント

　（https://www.shinko-keirin.co.jp/keirinkan/sansu/WebHelp/）

　こういうことを教師自身が知らなければ、たし算は全部同じと思ったり、学習したことのつながりが見えなかったりと、活用していこうという考えにはならないことでしょう。

　１年生の子供たちには、「合併」「増加」といった用語は教えません。数図ブロックを使うと「合併」「増加」のブロックの動きが異なります。そこで、区別するために、学級オリジナルの名称をつけたりします。名称をつけるこ

とは、その学級の財産になります。この後の学習において、その名称を使いながら、考えたり、表現したりすることができます。

　一方で、国語科では物語文の設定である登場人物、場、ときなどの言葉は教師も子供も使う、全国共通の言葉です。オリジナルの言葉はほとんどありません。たし算という言葉は、中学校になると加法という名称に変わりますが、国語科では用語の名前は変わりません。

　学級オリジナルの名称をつけると、それが正式な言葉だと覚えてしまわないかということは心配しておかないといけません。

⑤アナログ教具とデジタル教具のどちらを使用するのか　という判断

　ここから先、デジタル教科書がより広がってくることでしょう。だからといって、全てをデジタルで行うという発想はとても危険です。

　拙著『GIGAスクール構想で変える！1人1台端末時代の算数授業づくり』にて、発達段階、学習内容に応じてアナログ教具とデジタル教具の使い分けが大切になってくるということを提案しています。

　この学習はアナログ教具とデジタル教具のどちらを使用するのかという判断が授業者に求められるということです。

　例えば、2年単元「分数」の導入場面では、直線を引いて考えましょうと

（学校図書2年下51ページ）

問題にありますが、私は折り紙を子供たちに渡し、同じ2つの大きさになるように折らせる活動を取り入れることでしょう。この後の、4分の1について考える学習においても折り紙を使い、同様の活動を行うことでしょう。

　なぜ、アナログで行うのか。理由は、アナログで取り組むほうが、折り紙

で折るほうが、同じ大きさで2つに分けた1つ分が2分の1だということを
実感することができると考えたからです。

　低学年の算数授業で意識しておかないといけないことは、

> 　具体的操作を優先させるときに、念頭操作を優先させるデジタル教具
> を与えてしまうということは、子供たちの学びを阻害してしまう可能性
> がある

ということです。

　だからといって、単元全体をアナログで進めていくというわけではありま
せん。2年単元「分数」の導入場面の最後には、以下のような問題に取り組
みます。

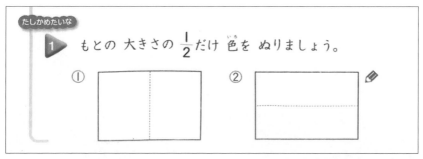

(学校図書2年下52ページ)

　こういった問題はタブレット端末上で行えばいいのです。

　私はタブレット端末上で取り組む教材・教具のことを「デジタル教具」と
定義づけています。

　私はデジタル教具の良さとして、

①煩雑さがなくなる

②保存しておくことができる

③全員に発表ができる

④複製することができる

⑤子供が自由に使用できる

の5つをあげています。

「A 数と計算」、「B 図形」、「C 測定」、「D データの活用」の４つの領域のうち、「B 図形」、「C 測定」の２領域が、低学年においてはどちらかといえばアナログ教具を使う頻度が高いです。

「B図形」領域では、低学年における図形を考察する上で用いる操作として、「①折る　②切る　③積む　④転がす　⑤しきつめる　⑥組み立てる」の６つがあげられます。こういった操作を行うためには、デジタル教具ではなく、アナログ教具で取り組むほうが優れています。タブレット端末がAR・VRといった機能がよっぽど現状よりも発達しない限りは厳しいでしょう。

「C測定」領域では、領域名にもあるように「測定」をしていくわけです。タブレット端末のアプリに測定のアプリがあります。始点と終点を設定すると、およその長さを測定してくれます。しかし、それではこの学習で学びたいことをクリアすることはできません。以下の写真の子供のようにアナログのもので測定をしていく必要があります。

　しかし、だからといって、「B図形」、「C測定」でタブレット端末を使用していかないというわけではありません。教材以外のところでは他の領域と同様に使用していきます。

3 算数教科書の教材研究のポイント

①算数科で育てる資質・能力

　タブレット端末、デジタル教科書の出現により、「教材研究をしなくてもよくなりました」という声を聞くようになりました。正直、私は意味がわからなく上記のようなことを言われていた方に「どうして教材研究をしなくてもよいのですか」と質問をしました。

　その方曰く、デジタル教科書を提示し、クイズ番組のように付箋で隠されているところを考え、付箋を剥がしていく。AI ドリルをそれぞれが取り組んでいく。デジタル教科書、AI ドリルというコンテンツがあるから、教材研究をしなくてよいという理由です。

　デジタル教科書、AI ドリルを私は否定しません。むしろ、推進派です。ただ、これまで大切にしてきた教材研究はなくなりません。上記のことは授業開始数分前に教科書で内容を確認したりするといったこれまでのことと何も変わりありません。そして、何より上記のような授業で問題発見・解決能力は育つのでしょうか。

　小学校学習指導要領には、学習の基盤となる資質として、

・言語能力
・情報活用能力
・問題発見・解決能力

などが示されています。算数科においても、この言語能力、情報活用能力、問題発見・解決能力を育てていかないといけません。

　言語能力と聞くと、文を書く力と想像し、国語科ではと思われる方もいるかもしれません。それだけでなく、多様なテキスト及びグラフや図表等の資料を適切に読み取る力も含まれています。算数科としての本質を通じて、言語能力を育てていくことになります。他教科においてもその教科としての本質を通じて、言語能力を育てていくことになります。これらは全てが同一のものではありません。各教科の本質を通じて育てられているため、同一のものもあれば異なるものもあります。そういった同一・異なるものを総合して、一体化させていくのが、「総合的な学習の時間」となります。これは、「情報活用能力」「問題発見・解決能力」でも同様のことが言えます。だから、算数科においても「情報活用能力」を育てていかないといけません。

　上記のデジタル教科書の使い方ではこれまでの教科書通りの進め方と何も変わりません。上記のような AI ドリルの使い方ではプリント学習と何も変わりません。

　今回の学習指導要領では、「知識重視の教育」から「資質・能力を育成する教育」への転換、コンテンツベースからコンピテンシーベースへの転換が求められています。ただ、コンテンツベース、知識を否定しているわけではありません。コンテンツを使いながらということが大切なポイントです。上記のデジタル教科書や AI ドリルの使い方は、コンテンツに振り回されており、資質・能力を育てているとはなかなか言えないことでしょう。

　算数の授業は、たし算の仕方を理解すればよいというわけではありません。かけ算を暗記すればよいというわけではありません。2の段、3の段をスラスラ言えるようになるだけでは、ダメだということです。

　　$2 \times 1 = 2$　$2 \times 2 = 4$　$2 \times 3 = 6$　$2 \times 4 = 8$　　$2 \times 5 = 10$
　　$3 \times 1 = 3$　$3 \times 2 = 6$　$3 \times 3 = 9$　$3 \times 4 = 12$　$3 \times 5 = 15$
　　$5 \times 1 = 5$

といったように、2の段と3の段を使い、5の段を作り出すといった活動が求められています。「2の段」という知識、「3の段」という知識を使い考え、

「5の段」という新たな知識を作り出しているということです。

　さらに、「2の段」という知識、「5の段」という知識を使って、「7の段」を作り出すといったように、知識がどんどん更新されていきます。

　算数科の授業では、

　　知識・技能を使い、思考・判断・表現をしていくことで新たな知識・技能を創造していく

という繰り返しです。

　知識・技能を使い、思考・判断・表現をしていくことで新たな知識・技能を創造していく姿が特に算数では低学年から育てていきたい姿だと考えています。

②算数科の本質

　33ページで、くりあがりのあるたし算のくりあがりの「1」を書く位置について話題にしました。大切なことは、くりあがりの「1」を書く位置ではありません。「1」とは何か、どうしてくりあがるのかということがわかっているかどうかです。算数科の本質がわかっているかどうかということです。

　2学期になると、子供の宿題を見ている保護者がSNSに、

・さくらんぼ計算が難しい

・答えは出せるのに、さくらんぼ計算ができない

・さくらんぼ計算ができていなくて、答えがあっているのに減点された

といったカキコミをします。

「さくらんぼ計算」に対する批判や悩みです。さくらんぼ計算とは、右のような計算の仕方を視覚的に表したものです。「さくらんぼ計算」はとても便利な、優秀な計算の方法と言えます。

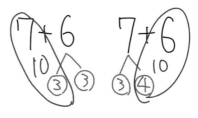

　しかし、算数科学習指導要領では、「さくらんぼ計算」という言葉は出てきません。ちなみに検索をしてみると、ブーツ計算といった方法も出てきます。

さくらんぼ計算やブーツ計算は方法であり、算数科の本質にはあたりません。この単元で大切なことは、さくらんぼ計算ではなく、「10のまとまり」をすぐに見つけることができるのかどうかということです。「10のまとまり」をすぐに見つけることができれば、さくらんぼ計算の仕方を知らなくても答えを求めることができます。

　では、算数科の本質とは何でしょうか。私は算数科の本質を

「数学的な見方」

と考えています。

　学習指導要領では、「数学的な見方」について、

> 「事象を数量や図形及びそれらの関係についての概念等に着目してその特徴や本質を捉えること」

と書かれています。数学的な見方とは物事を捉える視点なのです。

　上の文言は、

①数に着目する

②数で表現する

③図形に着目する

④量に着目する

⑤数量や図形の関係に着目する

といったように整理することができます。前述の「10のまとまり」は、①数に着目する、にあたります。①〜⑤を4つの領域を大まかに分類すると、

A　「数と計算」領域…………①②⑤

B　「図形」領域………………②③⑤

C　「測定」領域………………②④⑤

D　「データの活用」領域……②④⑤

というように分けることができます。

　それぞれの領域で、見方を働かせて取り組む。これこそが、他教科ではできない算数の本質的な学びとなります。

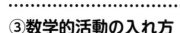

③数学的活動の入れ方

　数学的活動とは、算数科の授業の中で行われる活動を全て指しているものではありません。

　例えば、9＋4の計算の仕方を考える場面で、

先生「ブロックを出しなさい」

先生「ブロックを9個取り出しなさい」

先生「ブロックを4個取り出しなさい」

先生「4個のブロックのうち、1個を9個のほうに移動させなさい」

先生「9個に1個が来たので、何個になっていますか」

子供「10個です」

先生「10個と3個で何個になりますか」

子供「13です」

といった教師が指示をし続けて行う活動は、数学的活動ではありません。

　算数科学習指導要領の解説には、

> 　数学的活動とは、事象を数理的に捉えて、算数の問題を見いだし、問題を自立的、協働的に解決する過程を遂行することである。

と書かれています。事象を数理的に捉える、算数の問題を見いだす、問題を自立的、協働的に解決する主語は大人ではなく、子供です。

　上記の活動では、主語が「先生」になっている活動になります。

　また、学習指導要領には、

> 「児童が目的意識をもって主体的に取り組む算数に関わりのある様々な活動」であるとする従来の意味を、問題発見や問題解決の過程に位置付けてより明確にしたものである。

ということも書かれています。上記の活動に児童の目的意識はありません。先生の言われた通りにしかしていません。

9＋4の計算の仕方を考える場面では、

「10のまとまりをどう作るのか」という目的意識があるのか

ということになります。この意識があれば、前述のように指示をしなくても、子供たちは動き始めます。目的意識を私は、

「〜について考えたい・表現したい」という意識があるのか

というように考えています。問題を解くことができなかったり、疑問に思ったり、不思議に思ったりしたときに目的意識を持ちやすいと考えています。

　解くことができない→解決する

　疑問に思う→疑問を解決する

　不思議に思う→不思議を解決する

といったように目的を達成しようとする明確な自覚が生まれるからです。正木氏は「鯛のいる授業」として、「知りたい（鯛）！」「やってみたい（鯛）！」「考えたい（鯛）！」といった子供たちの「〜たい（鯛）！」があふれる授業を提案しています。「〜たい（鯛）！」があるとき、子供たちは目的意識があるということです。

　下の画像は２年生「1000までの数」の単元の内容になります。

　この画像を見ても、ネコが何匹いるかわかりません。だから、子供たちは、「正確に数えて、何匹いるのかをわかりたい」という目的意識があります。そのため、「じゃあ、ネコを全部数えてみよう」と投げかけるだけで、子供たちは目的意識を持って活動に取り組む、つまりは数学的活動に取り組むということになります。

　より正確に数えていくために、子供たちは自然と以下の画像のように 10 のまとまりを作りながら、数えていくことでしょう。

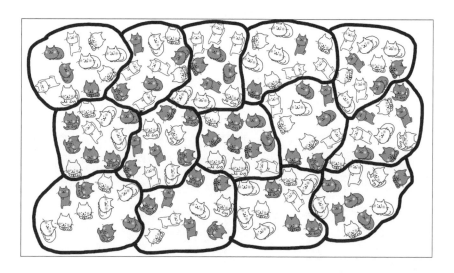

　10 のまとまりを作りながら、数えていくということは子供自身が数学的な見方を働かせているということになります。そのため、「10 のまとまりで丸をしながら数えていきます」と教師が指示をすることは避けたいものです。

　この場面では、

①子供が数え終えてから、数え方の工夫を全体で共有するのか

②たくさんネコがいるため 1 つずつ数えるのではなく、工夫して数えたい。
　どのように工夫をしたらいいのかということを全体で共有をして、数えていくのか

という 2 パターンの展開を考えることができます。

２パターンのどちらで取り組むかは授業者の判断になることでしょう。前述のように、「10のまとまり」というのは数学的な見方になります。つまり、

　　数学的な見方を働かせることと数学的活動を行うことは自然とセット

になります。

　算数科学習指導要領解説では、数学的活動一覧として、

・数量や図形を見いだし、進んで関わる活動

・日常の事象から見いだした問題を解決する活動

・算数の学習場面から見いだした問題を解決する活動

・数学的に表現し伝え合う活動

の４つの項目で分類・整理されています。

　そして、さらに学習指導要領で「数学的活動の楽しさ」については、

> 　「数学的活動の楽しさ」に気付くという部分は、そのような状況に応えるためのものである。例えば、算数を日常の事象と結び付ける活動、具体物を扱った操作的・作業的な活動、実際の数や量の大きさを実験・実測するなどの体験的な活動、表や図、グラフなどからきまりを発見するなどの探究的な活動、解決した問題から新しい問題をつくるなどの発展的な活動等を含んだ数学的活動を通して、児童が活動の楽しさに気付くことをねらいとしている。

というように書かれています。この文からわかるように、

・算数を日常の事象と結び付ける活動

・具体物を扱った操作的・作業的な活動

・実際の数や量の大きさを実験・実測するなどの体験的な活動

・表や図、グラフなどからきまりを発見するなどの探究的な活動

・解決した問題から新しい問題をつくるなどの発展的な活動

などが数学的活動の楽しさに気づく活動例として載っています。こういった活動を授業の中で取り入れたらよいということになります。ただ、これらの活動は教師ではなく、「子供」が主役の活動になっていないといけません。指示をするのではなく、目的意識を持たせて上記のような活動に取り組むため

には、子供から生まれてくる問い、子供たちが目的意識を持つような問題の工夫、課題設定や場面の設定が大切になってきます。

　ペア活動やグループ活動をすれば数学的活動になっているというわけではありません。「いつもタイミングが決まっている」「目的意識がない」「教師が授業展開に困っている」といった状況で活動を取り入れると、結局は教師が主役の活動になってしまいます。

　こういった数学的活動は、授業前に予定していた回数・場面で行うこともあれば、授業中に即興的に活動が必要だと判断し、活動を取り入れたりするということもあります。

　その際には、

・既習の知識をもとに考え悩んでいる場面
・多様な考えが出てくる場面
・子供の表情から話し合いたいと感じた場面
・課題を達成するために協働的に学んだ方がよいという場面

といった場面で活動を取り入れると、より子供が主役の活動になることでしょう。

④遅れがちな子への対応

　学習に遅れがちな子をサポートするのは、先生の役割だけではありません。同じ学級の子供たちもサポートをしていくことが大切です。ただ、任せてばかりではなく、サポートの仕方を教える必要もあります。

「8＋5」がわからなかった子がいたとします。このとき、子供にサポートをお願いすると、「13」と答えを教えたらサポートをしたと思う子がいます。そのため、サポートすることを難しく感じない子がいます。

　そうではなく、「考え方を少しずつ伝え、その子自身でできるようにすることがサポート」ということを子供たちに伝えます。

　このように伝えた途端、子供たちはサポートをすることを難しく感じるようです。

私たち教師は誰もが、わからない子に説明したにもかかわらず、子供から「うーん……」というようなわかっていない顔をされたことがあることでしょう。そこで、また違う方法で説明をしたという経験があることでしょう。この経験を子供たちにもさせるということです。

　上記のようなとき、私たちは、この方法がダメだったら違う方法、どのような言葉が相手には伝わるのかと、どのような方法があるのかを探ったり、これまでの学習を振り返ったり、頭をフル回転していることでしょう。

　例えば、「8＋5」でさくらんぼ計算について教えてもわからなかったら、前の学習を振り返る話をしたり、数図ブロックやドット図を描いたりしていくことになることでしょう。

　こういった活動は、教えてもらっている子だけにメリットがあるわけではありません。サポートをしている子たちにとっては、これまでの学習を振り返る機会になっています。私は子供たちに、

「わかるということは、しっかり相手に説明することができること」

と伝えています。前述の「2章　④算数用語・記号の吟味」で、「用語・記号、『算数の言葉』を自分の言葉で説明できないか確認するようにしています」と書きました。この活動と似ているかもしれません。

　またこういった活動は、この子にどのように伝えたらわかるのか……と相手を意識することにつながっています。つまり、この活動は、「相手意識を育成する」ことにもつながっています。この「相手意識」は、情報活用能力の育成には欠かすことのできないキーワードです。

　また遅れがちな子には前もっての教科書の予習をすすめることがあります。予習をしているときに「わからなかったことをメモしておこう」と言って、そのわからなかったことを授業で発表をしてもらうことで、クラス全員が考えを深めていく場を設けていこうと考えています。ただ、低学年の子供たちは自分のわからないことを人に知られることが恥ずかしいと思ってしまっています。そこで、わからなかったことというのではなく、

「ひっかかったことをメモしておこう」

ということで、抵抗なく取り組める子が増えます。

　遅れがちということは知識・技能が確実に定着をしていないためということも考えることができます。そういったときに、AIドリルを活用することで、知識・技能を定着させていくということも大切です。

⑤一人一人に応じた支援（個別最適な学び）

　一人一人に応じた支援というと「個別最適な学び」というキーワードを思い浮かべる方も多いことでしょう。中央教育審議会「『令和の日本型学校教育』の構築を目指して（答申）」には、「個別最適な学び」は「指導の個別化」「学習の個性化」から構成されると書かれています。

> 「指導の個別化」……一定の目標を全ての子供が達成することを目指し、
> 　　　　　　　　　異なる方法等で学習を進める
> 「学習の個性化」……異なる目標に向けて、学習を深め、広げる

　AI型ドリルは前述のように、それぞれの子供たちの実態に応じた問題を提供してくれます。それが異なる目標と捉えられがちです。確かにそれぞれの問題になるため、異なる目標になるかもしれません。しかし、学習を深めたことになるのでしょうか、広げたことになるのでしょうか。答えはイイエです。つまり、AI型ドリルに取り組むことが個別最適な学びというわけではありません。むしろ、AI型ドリルに先に取り組み確実に力をつけ、異なる目標に向けて、学習を深め、広げていくのです。

　拙著『GIGAスクール構想で変える！　1人1台端末時代の算数授業づくり』（明治図書）でも提案しているように、私はこれまで自力解決の時間のあり方に異を唱えています。正確にいえば、教師が指示した時間内に一人で孤独に考える時間になっている「孤独解決」に反対しています。10分間、わからない子はその時間に何を学ぶのでしょうか。

　自力解決の時間は、

隣の子に相談してもよい、グループで話し合ってもよい時間

なのです。自力解決の時間は一人で考える時間です。しかし、学級という集団の中に位置づいた一人で考える時間です。一人で孤独に考える時間であるのであれば、学校に来る必要はありません。オンライン参加でもよいということです。オンライン授業にはない学校における対面授業の良さは、すぐに話をすることができる、お互いの表情を見ることができるといったリアルなつながりです。

　低学年だから協働することができないというわけではありません。休み時間の子供たちは、遊ぶために話し合ったり、一緒に活動をしたりと協働することができています。休み時間にできているのに、授業でできないというわけはありません。子供たちができないのは、「一人で考えないといけない」という教師の強すぎる思いです。だから、低学年であってもどんどん話し合っていく機会を設けることを推奨しています。

　学習を深め、広げることは一人ではできないことです。異なる目標であっても様々な考えや意見を知ることにより、学習を広め、広げることができます。そのためには一人ではできません。

　個別最適な学びというキーワードには「協働的な学び」というキーワードがセットになっていることからも明らかです。

　また、46・47ページの9＋4の計算の仕方を考える場面のように、9＋4の計算の仕方を考える方法が絵、ドット図、ブロックといったようにそれぞれで異なってもいいのです。大切なことは10のまとまりということです。ブロックの操作ではありません。

　一人で考える時間が必要ではないと言っているわけではありません。どうしてもこの場面は相談なしで一人で考える時間のときには、一人で取り組むように指示をすればいいのです。

「学習の個性化で異なる目標を〜」と書かれていますが、逆に「同じ目標」のときにはどのようなことを取り組むのか、「一定の目標を〜、異なる方法等で学習を進める」と書かれていますが、同じ方法で学習を進めるときはど

のようなときなのかということもしっかりと考えておかないといけません。「指導の個別化」「学習の個性化」から構成される「個別最適な学び」が、指導の「孤」別化、学習の「孤」性化にならないように、気をつけておかないといけません。

⑥子供のノートとICT

　１人１台タブレット端末があるという学習状況において、ノートの役割を再考しないといけません。ノートをなぜ書かせるのでしょうか。「ノートを書くのは当たり前」「自分が小学生の時に書いていたから、同じように書かせる」という発想だけでは、もう令和時代では通用しません。

　教科は違いますが、社会科の実践家有田和正氏は、「ノートは思考の作戦基地」と言われていました。私も同様に、子供がノートを使っていくときには、思考の作戦基地として使っていくことが大切であると考えています。

　思考の作戦基地という考えは、タブレット端末の使い方でも同様に言えることです。

　きっと有田和正氏が現役であれば、タブレット端末をどんどん使い、授業を行っていたことでしょう。そして、「ノートやタブレット端末は思考の作戦基地」と言っていたのではないかと予想しています。

　思考の作戦基地ということは、子供の思考をノートに表現していくことになります。算数の表現として、中原（1995）は、

①現実的表現

②操作的表現

③図的表現

④言語的表現

⑤記号的表現

の５つの表現様式を提案しています。

　ノートでは、③図的表現　④言語的表現　⑤記号的表現の３つの表現が可能でした。タブレット端末では、全ての表現が可能になります。

ノートでは表現できなかった　①現実的表現　②操作的表現が可能になります。

　①現実的表現は、正確に言えば、例えば2本の紐の長さくらべをしている様子を動画に残しておくといったように写真や動画としてその表現を残しておくことができるということです。

　②操作的表現は、デジタル教具（樋口2021）を使うと自分の思考を保存しておくことができます。操作をしている様子を動画として残しておくことができます。

　だからといって、ノートから全てタブレット端末に移行すればよいということではありません。ノートを書く、書きごこち、書くときの自由さなどノートだからこそできることがあることも事実です。例えば、数字を書く練習などはノートで書くほうが有効です。

　低学年におけるノートとタブレット端末の使い分けを聞かれることが最近は多くあります。高学年になれば、学習場面や活動によって、その子自身が選択をして、タブレット端末とノートの使い分けをすればよいと考えています。そのようになるには、タブレット端末とノートを使い分けるという経験を低学年のうちから積んでいく必要があります。だから低学年のうちは、教師がこの場面は○○を使うんだよと指定することも大切です。

　低学年におけるノートとタブレット端末の使い分けを「表現」という視点で考えてみると、

ノート……③図的表現　④言語的表現　⑤記号的表現

タブレット端末……①現実的表現　②操作的表現　③図的表現

といったように分けることができます。③はどちらにも重複しています。

　タブレット端末を授業で使用する目的として、

・教科書的に使用するのか

・ノート的に使用するのか

・ワークシート的に使用するのか

・資料集的に使用するのか

・ソフト（アプリ）的に使用するのか

・録音・録画カメラ的に使用するのか

などが考えられます。つまり、低学年のうちは

・ノート……これまでのノートの使い方

・タブレット端末……活動、ワークシートの使い方

といった使い分けができます。

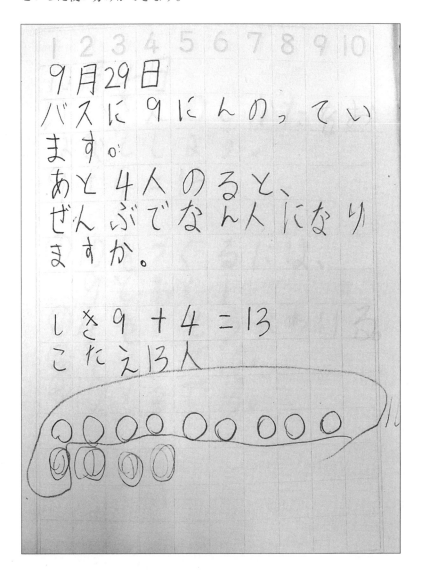

⑦教師の板書と ICT

　板書は先生のものではありません。SNS に投稿するために書かれているものでもありません。「ノートは思考の作戦基地」と思っているように、板書は、

> 子供と先生で構成する思考の場

だと私は考えています。だから、黒板には先生だけ書き込んでいくのではなく、子供も書き込んでいくということを行っています。板書＝子供のノートという発想ではこのような活動を行うことはできないでしょう。

　以下の画像は、長さくらべの学習（直接比較）の板書です。

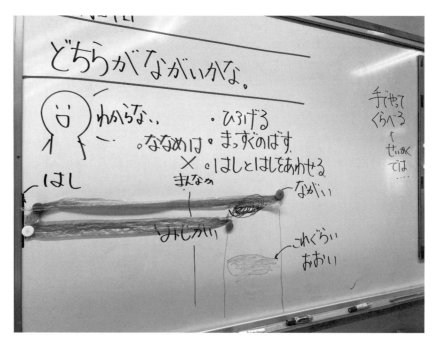

　２本のテープをグチャグチャにした状態で子供たちに提示をしました。

T「どちらが長いですか」

C「まっすぐ伸ばさないとわからない」

C「そのままではわからない」

T「まっすぐという言葉が聞こえてきたから、まっすぐにするね」

　スズランテープをまっすぐにして、端を揃えないようにして、黒板に貼りました。すると、

C「それではダメ〜」

C「そんなのではわからない？」

T「どうしてわからないの？」

C「だって、端が揃っていないからダメだよ」

C「動かしてもいい？」

T「もちろん動かしていいよ」

　下の写真のように、子供たちは端を揃えながらはっていきました。

そして、この後はくらべるときにどんなことが大切なのかをまとめていきました。

　この時間は105・106ページで紹介した子供がノートを描くために、そして121・122ページで紹介した授業を振り返るためにタブレット端末を使用しましたが、それ以外は使用していません。

　特に低学年では、モノを操作して考えていくことが発達段階を考えても大切なことです。だから、タブレット端末が入ってきたことで、全てをデジタルに置き換えるという発想や具体物を使わないというわけでなく、板書においても、

学習場面によってアナログとデジタルを使い分ける

ということが大切だということです。

⑧教師の板書と子供のノートとICT

　低学年のうちは、板書を全てノートにうつすことはできないことでしょう。そのため、板書＝子供のノートになる可能性が高いです。だからといって、板書したことを全て書かせようとは思っていません。

　ノートに書くものは、

①日付　②問題　③自分の考え　④まとめ

です。

　本校は黒板の真ん中に大型モニターがあります。だから、常に大型モニターがあります。何か特別の時に使うというよりは、あたりまえのようにあるものです。

　そこで、大型モニターには、子供のノートと同じものを映し出し、

①タブレット上に日付を書く

②タブレット上に問題を書く

ようにしています（次のページ参照）。自分の考えを書くところは人それぞれ違います。だから、モニターのものをうつすということはしません。

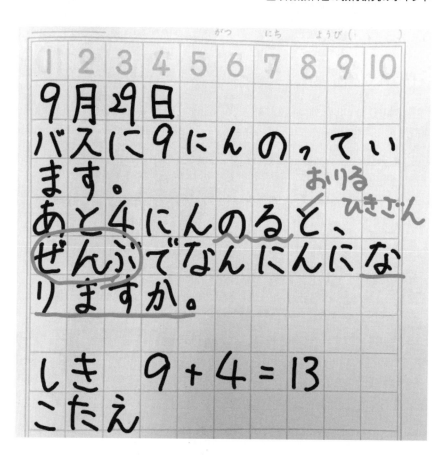

一方で黒板には、

・本時で考えたい課題やめあてを書く

・子供たちの考えやつぶやきなどを書く

というように使い分けをしています。

　ノートに板書を全てうつすのであれば、話し合いに参加してほしいと思っています。高学年であれば、ノートをうつしながら話し合いに参加することを求めますが、低学年ではまだまだ難しいことです。その子が板書を必要としている場合は、写真を撮らせます（詳細は105〜109ページをご覧ください）。

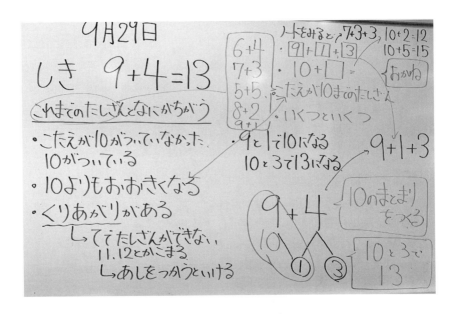

　自分の考えを書いていると、次のページにいってしまう子がいます。そういった子が不安になって、「先生、次のページにいっていいですか？」と聞いてくる場合があります。「ノート＝みんな一緒のもの」という意識が低学年の子にはあります。だから、そういった子が安心できるように、「どんどんページを使っていいからね」「みんな一緒じゃなくていいよ」といった声かけをしていくことが大切です。

　タブレット端末を使うと、板書がなくなるという意見を聞くことがあります。全くなくなるということはありません。学習内容に応じて、板書においても、アナログとデジタルのハイブリッドが求められるということです。

⑨ ICT のチャット機能と子供同士の対話

　ニコニコ動画では、自分がうったコメントが画面上で流れます。また、Zoom などのオンラインで学習会やセミナー、打ち合わせをしているときに、チャットを使用することがあります。一方向で私が話をするのではなく、チャットを使い、少しでも双方向になるように使用するようにしています。

このチャット機能はこれまでのスタイルを大きく変えます。

　これまでだと、一人が発表をしているときは、その発表を聞かないといけませんでした。そして、発表が終わると、自分の感想や思い、質問をする時間となりました。

　しかし、上記のチャット機能では発表しているときに、リアルタイムで聞き手側の感想や思い、質問を書き込むことで、発表者側も聞き手の思いを知ることができます。だから、発表者は聞き手の思いを知ることで、話す内容を変更したりし、より相手のニーズに合うように話をすることができます。

　これらのことは授業中の全体で考えを発表するときに、同様のことが起こっています。これまでの算数授業は、一人が発表をしているとそれ以外の子は聞いていた状態です。「人の話を聞くときは、手は膝の上！」といった指導もいまだにあります。発表に対して、つぶやいている子はいたとしても、大多数は聞き手であり、自分の考えを発信することはできません。しかし、タブレット端末を使うことで、特にチャットは上記のように常に自分の考えを発信することができます。

　そして、発表していた子は発信者側だけでなく、聞いている子たちからのチャットにより、聞き手側の声を受信することになります。つまり、これまでの授業と違い、誰もが常に発信者・受信者になるということです。低学年は自分のことを話したいという年代です。だからこそ、誰もが発信者になることを喜ぶ児童は多いことでしょう。だから、使い方によってはより対話が密になるということです。

　ただ、ここまで、チャットの有効性を書いておきながら、低学年ではチャットを現段階では私は使用しないと考えています。チャットに「子供がどんなことを書き込むかわからないから」といった理由ではなく、「タイピング」の問題があるからです。「タイピングは経験を積めば、タイピングスキルは上達する」というのが私の考えですが、１、２年生のうちは手書きでよいと考えています。自分の思ったことをタイピングすることができるには、やはり時間がかかります。時間がかかることにより、思考の妨げのおそれがあります。

しかし、子供の中にはタイピングをしたいと思っている子はいます。普段の授業でもタイピングをして、振り返りを書こうとしている子がいます。タイピングが遅い場合は、「今はタイピングではなく手書きで」ということもあります。低学年の場合、ローマ字は未学習であるため、「ひらがな打ち」でタイピングをしようとします。経験則ですが、ひらがな打ちに慣れてしまうとローマ字への移行が難しいようです。そこで、「ローマ字打ちで練習をしてごらん」とひらがな打ちではなく、ローマ字打ちをすすめるようにしています。

　オンライン授業を行っているときも、高学年の授業ではチャットを活用しましたが、低学年の子たちはホワイトボードに書き込み、そのホワイトボードを見せるといった方法で行っていました。

　現時点では使いませんが、書き込んだものを文字に変換する機能がより進化した場合にはオンライン授業だけでなく、普段の授業でも使用することでしょう。

④ 算数教科書で単元計画・授業計画をどう立てるか

①単元展開のパターン

　６時間の単元があったとします。算数科はその６時間分で全く新たなことを学んでいくということではありません。１時間目に学んだことを２時間目、２時間目「まで」に学んだことを３時間目。そして、この単元で学習したことが、次の単元（同領域）へとつながっていきます。決して、バラバラのものではないということです。

　１年生には、C測定領域「大きさくらべ」という単元があります。この単元では、ながさくらべ→かさくらべ→ひろさくらべと進んでいきます。

　まずは、ながさくらべで、

①直接比較

②間接比較

③任意単位による比較

というくらべ方を学習します。この３つのくらべ方は②→③→①、③→②→①ではいけません。①→②→③の順番でないといけません。

　　直接比較することができないものが出てきたときに間接比較

　　間接比較することができない状況のときに任意単位による比較

といったように、比較することができないもの・状況に出会ったときに、次のくらべる方法を学習していくという流れがあります。そして、任意単位で

比較することが難しい物・状況になったときに、

④普遍単位による比較

が出てきます。

　この④普遍単位による比較は2年生の学習になります。つまり、子供たちは①～③を学習したうえで、2年生では④の学習がスタートすることになります。全く新たな学習がスタートするというのではなく、学習がつながっているということになります。

　学校図書出版「みんなと学ぶ　小学校算数1～6年　早わかり系統表　領域編」には、領域ごとの一貫した学習内容として、以下のようなものが掲載されています。

領域	一貫した学習内容
数と計算	①単位の学習 ②比較の学習 ③数える学習
図形	①異同分別の学習 ②作図の学習
測定	①単位の学習 ②比較の学習 ③測定の学習
データの活用	①事象を整理する学習 ②特徴を捉える学習

　1年生「大きさくらべ」で①②③の学習と同じように、2年生でも①②③を学習するということです。もちろん内容が全く同じではありません。

　また、単元間、学年間だけの話ではなく、単元内でも同様のことがいえます。ながさくらべで、①直接比較　②間接比較　③任意単位による比較という比較の学習をしたことをかさくらべ、そしてひろさくらべでも行っていきます。このように、「統合」していくように単元展開は構成されています。かさくらべの学習で、

「ながさくらべで考えたことをかさくらべでも使えるのかな」

といったつぶやきが子供たちから聞こえてきたら、それは考え方を統合しようとしている子供の姿といえます。

②単元丸ごとで考えよう

　単元計画、授業時間数は教科書会社が作成したあくまで目安のものです。だから、授業時間数をアレンジすることは可能です。ただし、教科書会社が作成した授業時間数は、年間の授業時間数をもとに考えています。だから、授業時間数は越えないように設定したほうがよいです。もし越えたとしても、

単元Ａ　７時間（通常は６時間）　単元Ｂ　６時間（通常７時間）

といったように単元間を越えて調整をすればよいです。調整をしないまま、授業を行っていくと、学期末に単元が終わらなくて苦しむことになります。このようにしていくためには、「明日の授業をどうしよう〜」と前日に授業を考えるといった断片的な授業の作り方ではなく、単元丸ごと考えていくという長期的な授業の作り方をしていく必要があります。単元ごとに考えているからこそ上記のように過不足分の調整をすることができます。

　単元丸ごとで考えたとき、

> **単元の７〜８割の時間で単元構成をし直す**

ようにしています。単元10時間であれば、７〜８時間にするということです。教科書や指導書にはこの○○ページで１時間ということが書かれています。前ページで書いているように一貫した学習内容を把握し、単元を丸ごと作っていれば、どこまで進むのかということは授業者が決定をしても構いません。

　単元を構成し直すことによって生まれた２〜３割の時間（２〜３時間）は、例えば、

・授業の様子を見ていて、反復練習をしたいと思ったらその時間に充てる
・授業で途中までしかいかなかったとき、その続きの時間に充てる

といったように柔軟に子供たちの実態に応じて、運営することができます。このように柔軟に運営をすることで、教師の気持ちにゆとりが出てきます。ゆとりが生まれることで、授業中の子供たちの発言や行動に対してもゆとり

を持って取り組むことができます。

　また、単元丸ごと作ることによって、単元内で、

・どのような見方・考え方を働かせるのか

・学習のつながりがみえる

などの良さがあるからです。研究授業のために書く学習指導案のときだけに意識をするのではなく、普段の授業づくりにおいても意識をしておきたいことです。

③単元丸ごとの作り方

「どのように授業づくりをしたらよいですか」という質問をされたとき、これまでは、

・数社の教科書を比較して、教材を考える

・教科書の問題をアレンジする

・教育書や論文などから実践の情報を収集し、どれを使うのかということを判断する

・学習指導要領を読む

といったことを答えてきていました。しかし、現在はこれだけでは不十分ではないかと考えています。

　あたり前のことですが、1時間の授業は単独のものではありません。

単元の中で位置づいている1時間の授業

になります。単元8時間であれば1時間は、8分の1となります。

　しかし、私たちが行っている授業づくりはどうでしょうか。

・明日の授業はどのようなことをしようか。教育書やネットで検索をしてみよう

・教育書やネットなどを見て、この実践面白そう！　この実践の単元のときに実践してみよう

・明日の授業を指導書などで確認する

とその１時間のことばかりを考えており、単元の中の１時間として位置づい
てない可能性があります。

　よく、「教科書の問題をそのまま扱う授業」「教科書の流れをなぞる授業」
を批判する方に出会うことがあります。実は私も以前は批判をしていました。
しかし、現在では単元の中の１時間としてしっかり位置づいていればよいと
考えています。むしろ、単元の中の１時間として結びついていないオリジナ
ル問題を扱うことのほうが危険だと考えています。

　単元丸ごとを考えるための手立てとして、最近は、この、

単元構想を自分でまとめよう

ということを提案しています。経験則ですが、タブレット端末を使用した実
践はこの単元丸ごと授業を考えていくこととととても相性が良いです。

　以下の画像が「単元構想」になります。これは１年生単元「くらべてみよう」
の単元構想になります。

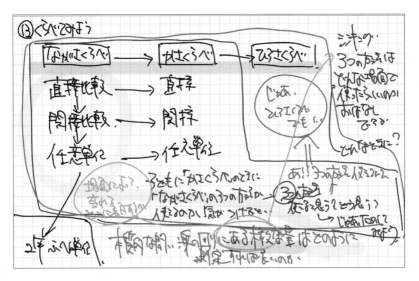

　この単元構想を書き上げてから、１時間ごとの授業について考えていきま
す。経験を積んでいると、こんなことを書き出さなくてもと思われる方もい
るかもしれません。しかし、書くことによって、自分の頭の中が整理されて

いくので、書くことをオススメします。夏休みや冬休みなど、いつもより時間があるときに取り組めばいいでしょう。

　単元構想をタブレット端末上で作成するようにしています。

　単元構想を、

①**教科書を見て単元名を書く**

②**教科書の小単元名を書く**

③**学習内容の確認**

④**学習指導要領で確認**

⑤**学校図書の「みんなと学ぶ　小学校算数１〜６年　早わかり系統表　領域編」で確認**

⑥**本質的な問いの確認**

という６つの流れで作成をしています。

　１年生単元「くらべてみよう」の単元構想をどのように考え、書いていったのかを説明していきます。

①**教科書を見て単元名を書く**

　89ページの図では、「⑬くらべてみよう」というところになります。くらべてみようという言葉から、この単元は何かと何かをくらべるのだと確認をしています。

②**教科書の小単元名を書く**

　89ページの図では、「ながさくらべ」「かさくらべ」「ひろさくらべ」というところにあたります。

③**学習内容の確認**

　教科書、次のページに載せている教育書などを見ながら、学習内容を確認していきます。ここでは、85ページに書いているように、①直接比較　②間接比較　③任意単位による比較という順番で学習を進めていきます。そのことを「ながさくらべ」の下に書き、単元の系統性ということで④普遍単位による比較は２年生ということを左下に書いています。

　そして、「かさくらべ」の下に①直接比較　②間接比較　③任意単位による比較と書いたときに、

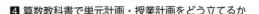

> ながさくらべで学習したことをかさくらべでも使う

ということに気がつきました。こういったことに子供自身が気づくと、教師が何も指示をしなくても見方を働かせながら考えていくことができると考えました。しかし、1年生のこの段階でどこまで子供ができるかが疑問であったため、

・子供に「かさくらべ」のときに、「ながさくらべ」（で学習した）の3つの方法が使えるのか気がつくといい

・3つの方法を使えると思う？　どう思う？　と聞き、使えるという子供の声から、じゃあ3つの方法を試してごらん

といった発問をすることができるのではないかと考え、中段辺りにメモをしています。

　このように、「ながさくらべ」で学習した3つの方法を使って、「かさくらべ」を考えた子供たちは、「ひろさくらべ」でも同様に子供たちから動き出して考え始めることができるのではないかと考えました。

④学習指導要領で確認

　学習指導要領で、ここまで考えてきたことと異なるところがないのかを確認していきます。

⑤学校図書の「みんなと学ぶ　小学校算数1〜6年　早わかり系統表　領域編」で確認

　一貫した学習内容を見て、場合によっては単元構想に書き込みます。④学習指導要領で確認でしたことと同様に、ここまで考えてきたことと異なるところがないのかを確認していきます。

⑥本質的な問いの確認

・E.FORUM スタンダード（第1次案）

(https://e-forum.educ.kyoto-u.ac.jp/files/sansu_elementary.pdf)

を見て、本質的な問いを一番下に書き出します。そして、その問いを参照して、この単元で学習してきたことを子供自身が使うための単元終わりに取り組む問題（ゴール問題、シンキング課題）についての検討を行います。

この単元構想ができてから、１時間ごとの授業を考えるようにしています。そうすることで、単元の中の１時間になります。

　この単元構想とリンクをしていれば、教科書通りでも、追試でも構いません。

※単元構想を書くときに参考にしているもの

・各教科書

・算数科学習指導要領解説

・筑波大学附属小学校算数研究部『初等教育学　算数科基礎基本講座』東洋館、2019

・日本数学教育学会『算数教育指導用語辞典』教育出版、2018

・学校図書の『みんなと学ぶ　小学校算数１～６年　早わかり系統表　領域編』

・E.FORUM スタンダード（第１次案）

（https://e-forum.educ.kyoto-u.ac.jp/files/sansu_elementary.pdf）

④定番の繰り返し学習

　繰り返し学習によって、知識・技能が定着していく時間を単元の中で取り入れる必要はあります。これまでの知識・技能が定着していく時間では、全員が同じ時間で同じ内容のプリントをすることが定番でした。しかし、AI 型ドリルの出現により、一人一人の子供の実態に応じて問題の量（何問解くのか）や質（前の学習に戻って復習をしたり）を変えることができるようになりました。定番の繰り返し学習が変わります。

　単元の中で、

①AIドリルに取り組む時間

②全員が同じ問題に取り組む時間

の２通りの進め方を取り入れるようにしています。

　①は45分丸ごとでなくても隙間時間に取り組むことができます。これまでは教師側がプリントを用意したりしておかないといけませんでしたが、AIドリルだと事前準備なしに取り組むことができます。

　②では、早く問題を終えた子にはAIドリルに取り組んだりするようにします。そうすることで、どの子も常に知識・技能が定着していく時間となっていきます。これまで待っている時間に読書をさせるような取り組みを見たことがありますが、算数の授業であれば算数のことをしておきたいものです。

これまでプリントを教師が丸つけをするときには、

・プリントを回収して丸つけ→返却

・プリントを丸つけしてもらうために並ぶ

といったことが行われていました。しかし、この方法では並んでいる時間、返却されるまでの時間、丸つけされたプリントを取りにくるまでの時間に無駄がありました。

しかし、学習支援アプリの提出箱という機能を使うと、提出されたものから丸つけをして返却をすることができます。返却されて、間違いがあると間違い直しをして再提出をする。このサイクルを何度も行っていきます。個人的な感想になりますが、プリントよりも早く丸つけすることができます。丸つけをしてもらうために、列に並ぶ必要もなくなります。列に並んでいる間にさらに問題に取り組むことができます。

　そこで、下のように1枚あたり4～5問ぐらいの問題を作成しています。

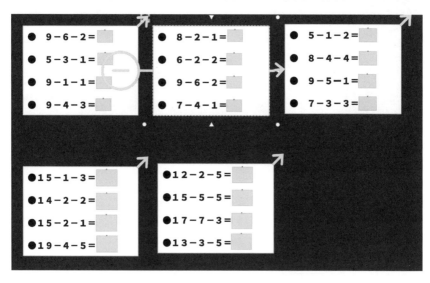

　タブレット端末上で全てを済ますというわけではありません。プリントを使わなくなるということはありません。プリントで取り組むときもあります。

　家庭学習においても、これまでの漢字ドリルと併用してAI型ドリルを行う日を設けています（ナビマというところがAI型ドリルです）。この日以外でも、AI型ドリルは取り組んでもよいということにしています。

しゅくだい	こくご さんすう	耳・王	口・年	立・草	犬・早	貝・林
		けいさんドリル4	けいさんドリル5	けいさんドリル6	けいさんドリル18	けいさんドリル25・26
	おんどく	たぬきの糸車	たぬきの糸車	たぬきの糸車	たぬきの糸車	たぬきの糸車
	タブレット	ナビマ		おんどくろくおん		おんがく

かんじの小テストのまえのひは、かんじドリルでふくしゅうをします。
おんどくはロイロでていしゅつになります。

⑤ ４月〜３月までの ICT 紐付けプラン

　以下の表は、学校図書の単元一覧表をもとにアナログ教具とデジタル教具についてまとめた案です。

１年生

	アナログ教具	デジタル教具							その他
		算数アイテム							
		え	ドット図	ブロック	いくつといくつ	十、一のね 五、十、一の他	とけい	ドット	
1　10までのかず	数図ブロック								
2　いくつといくつ					○				
3　あわせていくつ　ふえるといくつ		○	○	○					
4　のこりはいくつ　ちがいはいくつ		○	○	○					
5　なんばんめかな									▲1
6　いくつあるかな									▲2
7　10よりおおきいかずをかぞえよう	数図ブロック					○			▲3
8　なんじなんじはん	時計の模型						○		
9　かたち (1)	箱、立体の模型								▲4
10　たしたりひいたりしてみよう		○	○	○					
11　たしざん		○	○	○					
12　ひきざん		○	○	○					
13　くらべてみよう	はかるものなど								
14　20より大きいかずをかぞえよう									▲3
15　なんじなんぷん	時計の模型						○		
16　たすのかなひくのかな　ずにかいてかんがえよう		○	○	○					
17　かずしらべ									▲2
18　かたち (2)	いろいた、ぼう							○	▲5

　アナログ教具「数図ブロック」が書かれていないところで使用しては駄目ということではありません。子供が使用したいのであれば、もちろん使用しても構いません。また必ずデジタル教具を使用しないといけないというわけではありません。そして、ここには載っていないところで使用しても構いません。

たし算はデジタルの数図ブロックに以下のように書くだけで、増加や合併など、たし算には何種類かあることを実感することができます。これは、授業の中で急遽使いました。このように授業の中で、急遽使用することもあります。

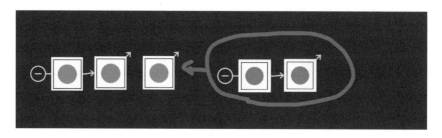

　その他の▲1〜5は、その単元で使用するデジタル教材や教具になります。

▲1「なんばんめ」

　教科書にある資料を使用します。「何番」「何番目」の問題を色分けをして、囲んでいきます（デジタル教科書があれば、デジタル教科書を使用します）。

　また、「何番」「何番目」の問題を難しく感じる子はいます。そこで、以下のように「まえ・うしろ」「なんばん・なんばんめ」のカードを選択することができ、子供の数を増やすことができるようにしておくことで、デジタルプリントをすぐに作成することができます。

▲2 「いくつあるかな」「かずしらべ」

　教科書にある表を使用します。子供たちは色を使い分け塗ることができたり、表の塗り方を失敗してもやり直したりすることができます（デジタル教科書があれば、デジタル教科書を使用します）。

▲3 「10よりおおきいかずをかぞえよう」「20より大きいかずをかぞえよう」

　68ページのように数を数えるために、教科書の資料を使います（デジタル教科書があれば、デジタル教科書を使用します）。

子供たちは「15」といった数を10と5ではなく、1と5と見てしまいがちです。そこで、10と5ということを意識することができるように、以下のようなデジタル教具を使用することも有効です。

　上のカードを重ねると、以下のようになります。

▲4「かたち⑴」

　次ページ表は、活動したこと学習したことを単元通してまとめていく表です。上の部分は活動名、左はこの単元で使用した立体です。

	ころがそう	たかくつもう	いろいろなもの をつくろう	えをかこう
ながしかく				
ながまる				
まんまる				
しかくしかく				

子供たちが書いたものです。

▲5 「かたち⑵」

　この単元ではいろいたやぼうなどを使って、様々な形を作ります。作った形を写真に撮り、下のカードに載せておきます。カードの上には何を作ったのかを書きます。

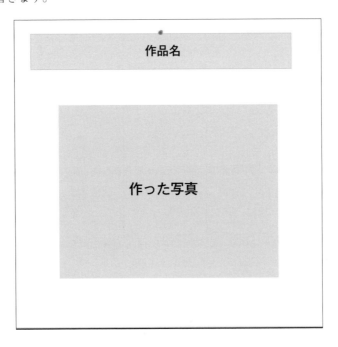

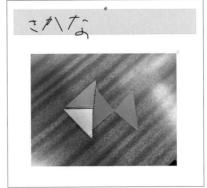

2年生

	アナログ教具	デジタル教具 算数アイテム								その他
		え	ドット図	ブロック	テープ図	線分図	十、一の位／百、十、一の位／千、百、十、一の位	筆算	ドット	
1 ひょうとグラフ										▲1
2 時こくと時間 (1)	時計模型									
3 2けたのたし算とひき算		○	○	○			○			
4 たし算のひっ算		○	○	○	○	○	○	○		
5 ひき算のひっ算		○	○	○	○	○	○	○		
6 1000までの数							○			▲2
7 大きい数のたし算とひき算							○	○		
8 長さ (1)	ものさし									
9 水のかさ	コップ									▲3
10 三角形と四角形	定規、三角定規など								○	▲4
11 かけ算 (1)		○	○	○						▲5
12 かけ算 (2)		○	○	○						▲5
13 かけ算 (3)										▲6
14 分数										▲7
15 時こくと時間 (2)										
16 10000までの数						○				▲2
17 長さ (2)	ものさし				○	○				
18 たし算とひき算		○	○	○	○	○				
19 しりょうのせいり										▲1
20 はこの形	箱									

▲1 「ひょうとグラフ」「しりょうのせいり」

教科書にある表を使用します。表を書き間違えたり、失敗したりしてもやり直したりすることができます（デジタル教科書があれば、デジタル教科書を使用します）。

▲2 「1000までの数」「10000までの数」

68ページのように数を数えるために、教科書の資料を使います（デジタル教科書があれば、デジタル教科書を使用します）。

▲3 「水のかさ」

L、dLを学習します。位の上の部分をL、dLに変えた表を使うことで、L、dLについて実感することができます。

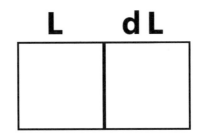

▲4 「三角形と四角形」

　教科書に載っている三角形や四角形を使います（デジタル教科書があれば、デジタル教科書を使用します）。

▲5 「かけ算⑴」「かけ算⑵」

　49 ページのようなデータを使います（デジタル教科書があれば、デジタル教科書を使用します）。

▲6 「かけ算⑶」

　九九の表を使います（デジタル教科書があれば、デジタル教科書を使用します）。

▲7 「分数」

　教科書に載っているデータを使います（デジタル教科書があれば、デジタル教科書を使用します）。

　ここまで紹介した以外に教材として配信したり、【常時使い】【練習問題】といった役割で使用することができます。AI 型ドリルを使うこともあります。

【常時使い】

・ノート指導　（詳細 105・106 ページ）

　子供たちにノートを書く力がついてきたら、行うことをやめます。可能であれば 1 学期途中が目安です。

・振り返り（詳細 122 ページ）

・AI 型ドリル

【練習】

・デジタルプリント（詳細 117 ページ）

・クラウド上のプリント（詳細 119 ページ）

⑥どのような ICT を使用していくのかを決める

101 ページの 2 年生の表を見てみると、「え」「ドット図」「ブロック」は様々な単元で使用されています。その単元だけで使用していく、1 時間の授業だけで使用していくという発想ではなく、複数の単元で使用していくという意識を教師が持つことが大切です。

「2 けたのたし算とひき算」で「え」「ドット図」「ブロック」を使うという経験を子供たちにさせていき、次に使用する「たし算のひっ算」においても、「え」「ドット図」「ブロック」を使っていくことが大切です。そうすることで、子供たち自身も使うことができるようになります。

下の表は、1 年生「くりあがりのあるたし算」につながる単元になります。

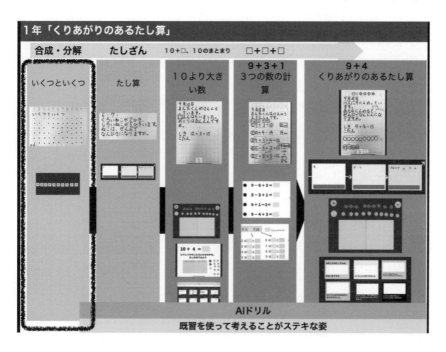

これらは「くりあがりのあるたし算」で初めて使用したというわけではありません。103ページの表を見ると、どのようにタブレット端末の使い方をしてきたのかがわかることでしょう。

　また、103ページの表の上記、単元「いくつといくつ」で学習した【合成・分解】を使い、単元「たし算」を学習していく。単元「いくつといくつ」で学習した【合成・分解】、単元「たし算」で学習した【たし算】を使って、単元【10より大きい数】では……といったように、学びが継続していくということを表しています。こういった継続した学びが、「くりあがりのあるたし算」につながっていくのです。

　「AIドリル」も継続して取り組んできたことです。これは、子供たちの基礎・基本の力を確実に養っていくということをメインに取り組んできたことです。

　ICTと単元との紐付け、学びの内容、AIドリルは継続して取り組んできていますが、単元「いくつといくつ」の段階から、「くりあがりのあるたし算」までに、

・どのように継続して取り組んでいくのか
・どのようなことが必要なのか

という計画を立てていました。この年は6月から1年生の担任を受け持つことになり、「いくつといくつ」で考えましたが、4月から担任であれば、最初の単元で考えたことでしょう。

　このようにICTを単元に位置づけていくとき、これまでにも大切にしてきた長期的に考えていくということが求められることになります。

　1人1台タブレット端末実践は1時間単位で考えていくのではなく、「1つの単元」「単元間」「教科と教科」から始まり、数年単位で考えていく必要があるということです。

5 算数学習を楽しくする アイデア＆アイテム

①ノートを書く

　80・81 ページに、ICT を使った効果的なノートの書き方については書いています。

　ノートの中身は、子供によって違います。しかし、低学年のノートは同じようになりがちです。同じようになること自体はダメなことではありません。しかし、教師の指示のもと、同じもの以外を認めないということが問題です。だから、メモ書きのような場所があってもよいと考えています。見栄え重視のノートは必要ありません。

　単元の学習前に、「物差しを使いたい」と言った子がいた場合に使用させるのを止めることは避けたいものです。むしろ、どんどん使用させていくことで、単元前から直線を描くことができる子に育ちます。1年生から使わせていたこともあります。

　ノートを書く経験を積めば積むほど、子供はノートが書けるようになります。高学年になって、ノートが書けないのは、低学年においてノートを書く経験が圧倒的に不足しているからです。だから、ワークシートも極力使用したくないと考えています。

　そこで、次のページのように練習問題に取り組むときも、ノートに答えるところの枠組みを作ってから取り組むようにしています。

１年生の最初はノートを書くことにとても時間がかかります。しかし、そこで「時間がかかるから」と指導を諦めるのではなく、「経験を積めば早くなる！」ということを信じて取り組んでいく必要があります。

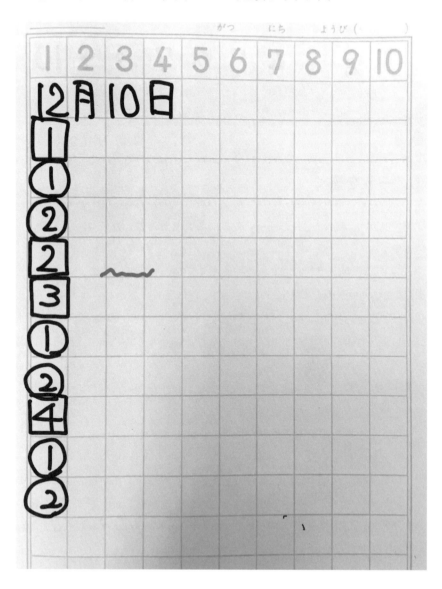

②写真を撮る

　以前、SNS ニュースで授業後に学生が板書の写真を撮ることに対して、賛否の意見がありました。私は基本的にオッケーの立場です。

　授業後、ある女の子が「黒板の写真を撮っていいですか？」と質問をしにきました。どうして写真を撮りたいのかと聞いたところ、「私のノートにはみんなの考えがないから」という返答が返ってきました。私の黒板には、子供たちの考えを書いたり、つぶやきを吹き出しで書いたりしています。そういったものを自分のタブレット端末上で残しておきたいということでした。その理由であったため、オッケーを出しました。その子は喜んで写真を撮っていきました。その様子を見て、写真を撮る活動が他にも広がっていきました。

しかし、ある授業の後に写真を撮っていないことに気づきました、そこで、その女の子に理由を聞きました。すると、「今日の黒板は価値がないから」という返答が返ってきました。もう少し話を聞いてみると、「今日の黒板はみんなの考えがほとんど描かれていないから、私のノートと一緒なの。だから、撮る必要がない」ということでした。

　つまり、低学年の子供たちであっても、

> **今日の板書に価値があるのかどうかということを判断できる**

ということです。価値があると思ったときには下の画像のように、振り返りの中に黒板の中で大切だと思った箇所を挿入している子もいます。その写真を撮るということは、その部分に価値があると子供たち自身が判断していることになります。

　低学年は高学年のように板書されたことを全てうつすといったことはなかなかできません。だからこそ、このような使い方がより効果的だと子供たちは思うのでしょう。

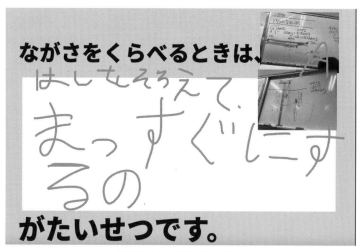

ながさをくらべるときは、
はしをそろえて
まっすぐにす
るの
がたいせつです。

写真をのせた子供の振り返り

　次の写真は、1年生「かたちづくり」でいろいたで様々な形を作り、作ったものを写真に撮っている様子です。

　特に具体物操作の多い低学年だからこその有効な手立てといえることでしょう。このように、活動をしたとき自分の表現物を写真に撮っておくことで、自分の思考を残しておくことができます。

　だから、授業中において写真を撮るということを場合によっては、認めていきましょう。

③人に説明をするためにタブレット端末を使用する

　私は子供たちに、

> 「人に説明することができるということが・わ・か・る」ということだよ

ということを伝えています。人に説明をするときに言葉だけでは、わかる子にはわかりますが、わからない子には全くわからないといった空中戦になってしまいます。そこで、タブレット端末を使いながら子供たちに説明をする場を設けます。次の写真は、くりさがりのあるひき算の計算の仕方について説明をしている場面です。子供たちはホワイトボード代わりにそこに書き込みながら、説明をしていきます。

　ホワイトボードと違い、自分が説明したものを残しておくこともできます。子供たちの意識の中で、ノートはきれいに残しておきたいものという意識が

あります。そのため、ノートで同じ活動に取り組ませても書くことを躊躇してしまうこともあります。

　説明をして、内容がしっかりと相手に伝わった場合（相手がわかったと言った場合）には、相手の名前を書くようにします。下の画像では下の部分に名前を書いたりします。

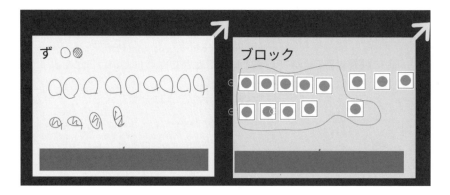

　場合によっては、「3人に説明しよう」といったことを指示することもあります。

④クラウドに算数アイテムを

拙著『これでどの子も文章題に立ち向かえる！ 算数授業づくり（学陽書房）』では以下のような算数で考えるために使用する絵や図、教具を算数アイテムと定義し、算数の教科書会社６社を参考に絵や図を使用したい学年についてまとめたものです。算数アイテム＝デジタル教具です。

	1	2	3	4	5	6	(年)
①ブロック	●	●					
②絵	●	●	●				
③ドット図	●	●					
④テープ図	△	●					
⑤線分図	△	●	●	●	●	●	
⑥数直線図		△	●	●	●	●	
⑦関係図			●	●	●	●	
⑧4マス関係表			△	●	●	●	（△は要検討）

こういった算数アイテムを子供たちが見ることができるクラウドに入れ

ておきます。そして、子供たち自身が必要なときにいつでも取り出し、そのデータに書き込みができるようにしておきます。学校だけでなく、家庭でも使用する

ことができます。上の表を見てもわかるように中学年、高学年と学年が上がるにつれて、アイテムの数は増えていきます。

ここに入れておくだけでは、子供たちは自分から使用しません。授業の中で使用したり、このファイルから取り出して自分で使用するという経験を積ませていくということが大切です。また、ここにあるものを使うか・使わないかは子供自身による選択です。ノートに書いて考えたい場合は、それで構いません。

低学年における算数アイテムを紹介します。

・え　・ドット図　・テープ図　・テープ図2　・線分図

・ブロック　・ブロック（10と10）

・いくつといくつ

・とけい

・20よりおおきいかず　・20よりおおきいかず（3けた）

・十、一の位　・百、十、一の位　・千、百、十、一の位

・2けたのたし算の筆算　・3けたのたし算の筆算

・2けたのひき算の筆算　・3けたのひき算の筆算

・ドット図2

全てを入れておくのではなく、1年生はアイテムを絞っても有効です。

それぞれについて、簡単に紹介していきます。

・え

え

・ドット図

ず　○◎

・テープ図

テープ図

・テープ図2

テープ図

　１本のテープ図を使うのか、２本のほうを使うのかは学習場面によって、そして子供によって変わってきます。２本のテープは自由自在に長さを変えることができます。

・線分図

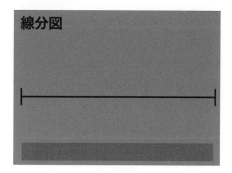

・ブロック

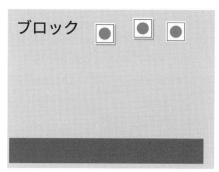

・ブロック（10と10）

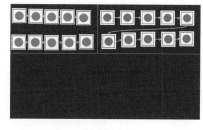

　ブロックは動かすことができます。また必要な分だけ、複製することが子供自身でできます。

　ブロックは keynote（もしくは PowerPoint）で作成をしています。

(1) 正方形の図形を出す

(2) 丸の図形を出す

(3) 丸の図形の色を変える

(4) (1)の正方形の真ん中に(3)を配置する

(5) 完成！

という手順で作成することができます。この後出てくる、お金のイラストは、
いらすとやのものを使用しています。

「ブロック」「絵」「ドット図」「テープ図」「線分図」は色を変えておき
ます。どの絵や図で考えたのかを全体で交流するとき、提出箱に提出したと
きに誰がどの絵や図で考えたのかが一目瞭然です。

・いくつといくつ

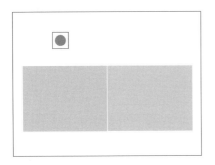 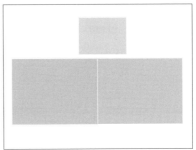

　上記と同様に、ブロックを必要な数だけ子供自身で増やすことができます。
左でブロックを例えば3個と2個ずつ分けたなら、右のカードに、上に5、
そして左には3、右には2と書きます。操作したものと数とを関連づけるこ
とができます。

・とけい

　実際にアナログで使用している時計の模型の長針と短針を外したものです。ここに短針と長針を書き込んでいくことで、何時何分か表現していきます。

114

・20よりおおきいかず

・20よりおおきいかず（3けた）

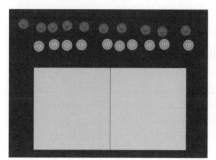

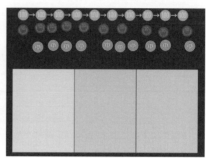

　左から百の位、十の位、一の位のスペースになります。上には動かすことができる100円玉、10円玉、1円玉があります。子供たちは例えば、46を4と6と見てしまいがちです。46は4と6ではなく、40と6です。そのことを実感することができます。

・十、一の位

十	一

・百、十、一の位

百	十	一

・千、百、十、一の位

千	百	十	一

・2けたのたし算の筆算

・3けたのたし算の筆算

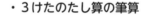

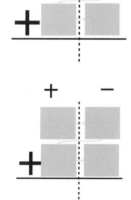

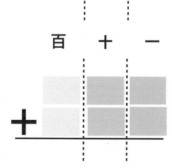

115

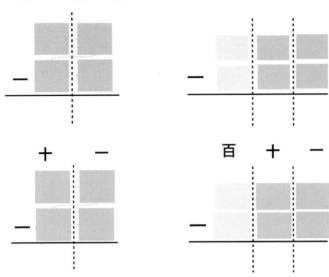

・2けたのひき算の筆算　　・3けたのひき算の筆算

たし算、ひき算の筆算には位が書いている筆算のデータも入れています。また、位ごとに色を分けたカードも入れています。位ごとに同じ色のカードを入れていることで位を子供たちに意識させることができます。ただ、筆算に慣れてくると、ノートで筆算をしたり、カードや位が書かれていない筆算を使うとよいでしょう。

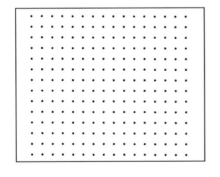

・ドット図2

　点と点を結んで、形を作ります。図形領域で低学年でよく使用します。

　ここで紹介した以外にも、その時間で、その単元で、その問題で使用する表や教材とかはあります。そういったものは入れていません。年間を通して、使用するものをここでは入れるようにしています。そういったものは、違うファイルで共有していてもよいでしょう。

⑤算数アイテムを使ってデジタルプリント

　④で紹介した算数アイテム（デジタル教具）を使ってタブレット端末上で使用することができる練習プリント（以下、デジタルプリント）を作成することができます。

　114ページの時計をアレンジをして、以下のような練習プリントを作成することもできます。

　他にも左のように計算の答えを確かめるために、お金を使って考えるようなデジタルプリントを作ることができます。また右のように、思考する問題を作り、タブレット端末上で行うこともできます。

⑥クラウドだからできること

クラウドだからできることもあります。私は、右図のように領域ごとにファイルを作ることを提案しています。これはノートではできないことです。領域ごとにノートを使い分けるわけにもいきません。このように領域に分けることで、ファイルの中は以下のようになります。

タブレット端末の良さの一つは一画面で複数の単元のことを見ることができることです。ノートでは、新しいノートを使い始めたら、使い終わったノートは家庭での保管となることが多く、これまでの学習について書いているノートのところを見ることができませんでした。しかし、タブレット端末の場合では可能になります。

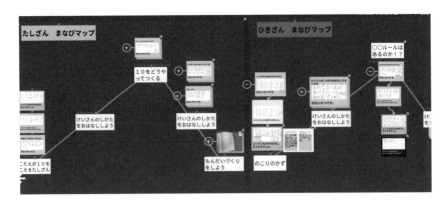

さらに、こうすることで、子供たち自身が単元間のつながり、一貫した学習内容を実感することができます。まだ実践をしたことがありませんが、そのデータを次の学年に引き継ぎ、そしてこれを6年間続けると、子供自身も系統性をより実感できるはずです。

　クラウド上に算数アイテムを入れておくだけでなく、自由に使うことができるプリントのデータを入れておくこともできます。自分が取り組みたい時に学校でも家庭でも取り組むことができます。自分が必要としている内容を必要な分だけ取り組むことができます。答えも入れておくことで、自分たちで丸つけができるようにしておきます。

　（これはなんでも入れて大丈夫というわけではありません。自作以外のものは出版社に確認しましょう。下に載せているものは許可済みです）

　教科書の指導書には、様々な授業で使用することができる素材のデータが入っている CD がついているものもあります。その素材をクラウドに入れておくこともよいでしょう。

⑦単元表を子供に渡そう

　88・89 ページでは、単元構想について書きました。それをもとに単元の流れがわかる単元表（まなびマップ）を子供たちに配布しています。

　こういった単元表を示すと、学習をすることが先に子供たちにわかってし

まうのではないかと言われる方に出会うこともあります。私も以前はそのように考えていました。しかし、先行学習をしている子、教科書を先に読んでいる子はいます。そんな子たちはどうなってしまうのでしょうか。「学校で学習するときが初めてこの単元を学習するとき」といった意識を教師が持っていては、上記の子たちは「その学習をあたかも初めて学習したか」のように振る舞うしかありません。それで、その子たちに何の力がつくのでしょうか。先に知られて困る学習内容であれば、その程度の学習内容ということです。

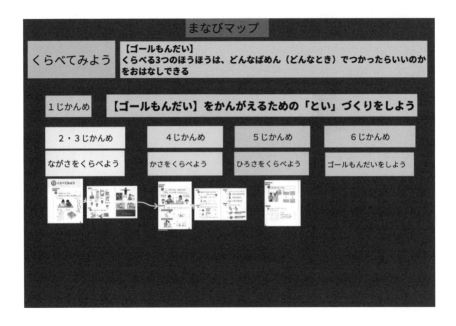

　1番上には単元終わりに取り組むゴール問題「くらべる3つのほうほうは、どんなばめん（どんなとき）でつかったらいいのかをおはなしできる」を提示するようにしています。このゴール問題は先行学習の子供たちもしっかり単元の中で学習をしておかないと解決することができません。
　また上の単元表は、子供たち自身で問いづくりをして、その問いを解決していくというスタイルで行った単元です、特殊なスタイルと言えます。その問いづくりのために必要な教科書のデータも入れています。

　下の写真は１年生単元「くりあがりのあるたし算」で子供たちに示した単元表になります。

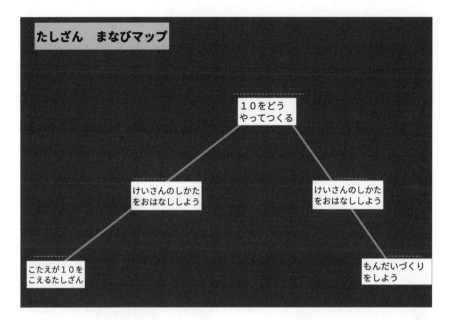

たしざん　まなびマップ

10をどう
やってつくる

けいさんのしかた
をおはなししよう

けいさんのしかた
をおはなししよう

こたえが１０を
こえるたしざん

もんだいづくり
をしよう

　ゴール問題がないときは、教科書の小単元名を明記したものを配布するようにしています。そして、次ページで紹介しているように、毎時間書く振り返りをこの単元表の中に入れるようにしておきます。

　単元表を配布することはオススメです。

⑧振り返り

　子供たちは授業の最後に振り返りを書くようにしています。「今から、振り返りを書きましょう」と指示をしても、「～が楽しかった」「～が面白かった」などと情意面の感想を書く子がいます。教師としては、授業でどのようなことを学んだのか、大切なことなどを書いてほしいと思っています。そのため、情意面だけの感想だけではガッカリしてしまいます。

　情意面だけの振り返りを書いてしまう子は、振り返りの書き方を知らない

だけかもしれません。そこで、算数授業では、以下の6つの視点を提示し、「自分で選択」をして書くようにしています。

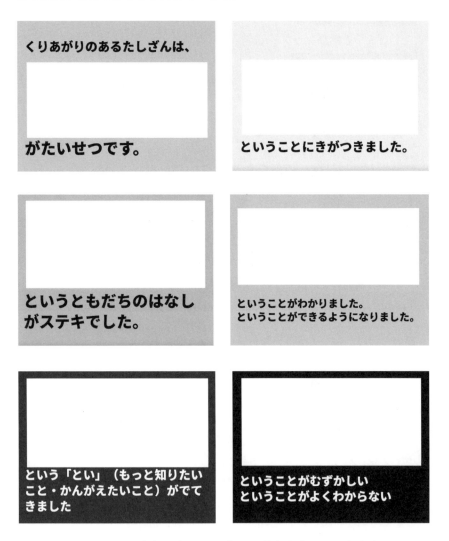

それぞれのカードの白色のところに自分の考えを書いていきます。6つの視点がありますが、自分で選択をしてということで行っているため、6枚全てを書いて提出をしてもいいし、1枚だけでも、2枚でも構いません。

そして、それを提出箱に提出をしていきます。次は提出箱の様子です。

　子供の振り返りを一目で把握することができます。また、この提出箱を子供たち同士で見ることができるようにすると、振り返りの交流も自然と行うことができます。

　提出し終えた後は、まなびマップにデータを入れ、整理しておきます。この整理をしている中で、前時との学習のつながりを実感することができます。単元が終わる頃には、以下のように学びを蓄積しておくことができます。

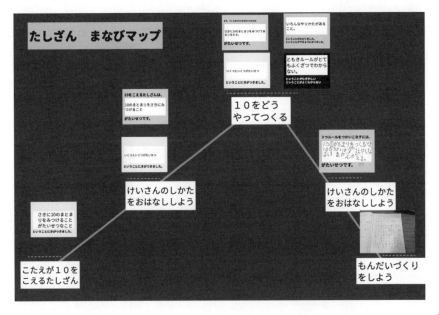

1 1年生の授業実例 「くりさがりのあるひき算」

　くりさがりのあるひき算には、減加法と減々法の2つの一般的な方法があります。

　減加法とは、12 − 9 を、

① 12 を 10 と 2 に分ける

② 10 − 9 = 1

③ 1 + 2 = 3

というようにひいてから、足すという方法です。

　減々法とは、12 − 9 を、

① 9 を 2 と 7 に分ける

② 12 − 2 = 10

③ 10 − 7 = 3

というようにひいて、さらにひくという方法です。

　子供たちはこれまでに（1位数）−（1位数）、（十何）−（1位数）のくりさがりのないひき算には取り組んできています。

　この単元では、

・10 の補数

・12 を「10 と 2」という数の見方

・ひき算なのに最後にたすという考え

などのところで難しさを感じ、つまずく子供はいます。

　そこで、これまでの学習でも使用してきたブロックや図を使い、数の操作を行っていき、問題文と式と図と操作を関連づけることで、上記の難しさを解消することができると考えました。

①問題を提示する

　問題をタブレット端末上で書いていき、子供たちはそれをノートにうつしていきます（右の画像は授業終盤のノートの様子である）。

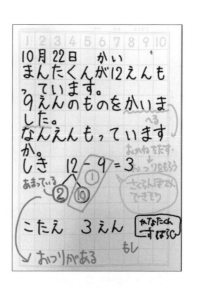

②何算になるのか検討をする

T「これは何算になりますか」

C「ひき算」

T「どうしてひき算ってわかったのかな」

C「かいますということはお金が減るから」

　子供たちの意見をタブレット端末上に書いていきます。

③立式をする

T「では、式を書いてみよう」

（少し時間をとる）

T「式はどうなりますか？」

C「12 − 9 です」

④何円払ったのか

T「では、今日はこの問題を体験するよ」

C「え!?　どういうこと？」

T「先生がお店屋さんで。みなさんはお客さん役をするよ」

　「みんなは12円持っていて、お店屋さんである先生にお金を渡すということ」

C「あー、そういうことか」

T「では、みなさんにお金を渡すね」

　下のデータを子供たちに送信する。

T「では、9円払ってください。払うのは提出箱に提出をしてください」

　以下のように、子供たちはお金を提出する。

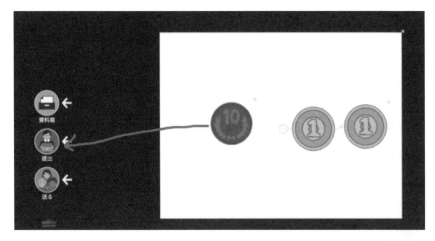

T「では、みんなで確認をしましょう」

（提出箱をみんなで見る）

C「そうそうやっぱり10円だよね」

C「あれ1円玉がある」

C「何で？」

T「どうして1円玉あるの？」

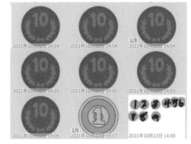

C「10円玉を1円玉に両替したんだよ」

T「1円玉は何枚と両替したのかな」

C「10枚だよ」

T「そうか両替をしたんだね。今回は両替なしにすると、1円玉9枚を出した子はどうする？」

C「10円玉を出す」

⑤おつりは何円かな

T「では、みんなはおつりは何円？　2円でいい？」

C「え？　違うよ」

C「おつりが必要だよ！」

T「そうか、じゃあ先生は何円返したらいいの？」

C「1円！」

T「どうして1円なの？」

C「だって、9円払うために10円を渡したから」

C「10 − 9 = 1 だから」

T「そうか 10 − 9 = 1 になるから、1円をみんなに返したらいいんだね」

（子供たちに1円玉を送信する）

C「1円玉きた！」

T「じゃあ、みんなはおつりは何円になったの？」

C「2 + 1 = 3」

C「3円だよ！」

⑥計算の仕方を確認する

　ここまでの体験と計算の仕方を関連づけていきます。

T「くりあがりのあるたし算で、計算の仕方がありました。このくりさがりのあるひき算にもあります。説明していくね」

T「まずはこのように（右）書きます。これはみんな12円があって、9円を支払うために10円を先生に渡し

たってことだよ。そして、みんなの手元には2円が残ったね」

T「次に、10円玉で9円を払ったから、10－9になるよね。だから、このように（①）書くよ」

T「そして、10－9＝1。つまり、おつりが1円になるからこのように（②）書くよ」

T「最後に、みんなに1円を返したよね。そして、みんなは2円を持っていたから、先に言っていたように2＋1になるよね。だからこのように（③）書くよ」

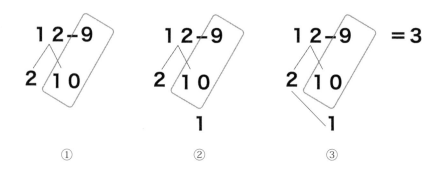

C「この方法はくりあがりのあるたし算と似ているね」

T「どこが似ているの？」

C「だって、前の数を分解しているもん」

C「本当だ！　じゃあ、後ろの数も分解することができるのかな」

C「じゃあ、どっちもできそうじゃない？」

　子供たちはくりあがりのあるたし算で学習した被加数分解、加数分解、五二法のことを言っています。

⑦振り返り

T「みんなすごいね。くりあがりのあるたし算を振り返って、どんな方法が使うことができるのかを考えているんだね」

T「じゃあ、これまでの学習を振り返ってみよう」

（右のデータを子供たちに送信）

T「これまでのひき算と何が違うの
　か、これまでのたし算・ひき算と
　何が同じか、これまでの学習を振
　り返り考えてみよう」

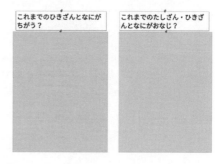

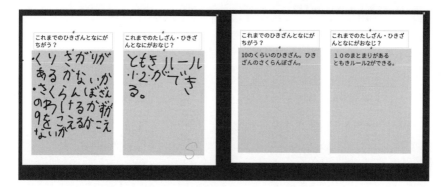

　本時ではどのようなことを書いたのかを交流したかったが、時間切れと
なった。この交流の続きは次の時間の最初に行った。交流するときは、提出
箱を見て、他の子供たちがどのようなことを考えていたのかを見る時間を設
けることにした。一人一人どんなことを書いたのかを発表したものを聞くよ
りも、このように取り組むことで多くの情報を子供たちは知ることができる。

② 2年生の授業実例「たし算とひき算」

2年生の難単元の1つが「逆思考」と言われる問題の学習です。

「めいさんは、おはじきを何こかもっていました。妹に6こあげました。のこりを数えたら18こになっていました。はじめに、なんこもっていましたか」
「つばささんは、シールを110まいもっていました。友だちに何まいかあげたので、のこりは83まいになりました。友だちにあげたのは何まいですか」（学校図書2年下100・101ページより引用）といった問題のことです。

> あめが8個ありました。7個もらいました。合わせて何個ありますか。

といった問題のように、「8＋7」と問題文通りに考えていけば、立式することができ、解決することができていました。このような場合を順思考といいます。1年生では基本的には順思考の問題に取り組んできました。

一方で、

> あめが8個ありました。何個かまんたくんにあめをもらい、全部で15個になりました。まんたくんからあめを何個もらいましたか。

といった問題のように、問題通りに考えていくと「8＋□＝15」という式になります。しかし、解決するときには、15－8＝7という減法で解決します。問題の表現は増加であるのに、実際に答えを求めるときには減法になるといった逆になる場合を逆思考といいます。

　この単元では、

加法　a +□= b　□+ a = b

減法　a −□= b　□− a = b

という4つの類型の文章問題が出てきます。

　1年生においても、

　まんたくんは7本鉛筆を持っています。あやかさんは15本鉛筆を持っています。どちらが何本多く鉛筆を持っていますか。

といった小さいほうの数量と差を知って大きいほうの数量を求める問題（求大）、

　まんたくんは15本鉛筆を持っています。あやかさんよりも7本多く持っています。あやかさんは何本持っていますか。

といった大きいほうの数量と差から小さいほうの数量を求める問題（求小）には取り組んできていますが、やはり子供たちが苦手としているところです。

　原因として考えることができるのは、出てくる数値の前から順に立式をしていたということです。

　また、基本的にはたし算という単元のときには「たし算になる」、ひき算という単元のときには「ひき算になる」という構図があります。つまり、子供たちは「この問題はたし算なのか、ひき算なのかと考えることなく、立式することができる」ということです。つまり、数量の関係をしっかりと掴むことができていないということが課題になります。

　そこでこういった課題を解決するためのサポートツールとなるのが、線分図やテープ図といった図になります。問題の中の数量関係を、線分図やテープ図を用いて、整理し解決するということです。

　以下の授業実例においても、

・この問題はたし算なのか、ひき算なのかと考える

・テープ図を用いて考える

といった場面を設定しています。

①問題を提示する

T「問題をノートに写しましょう」

「めいさんは、おはじきを何こかもっていました。妹に6こあげました。のこりを数えたら18こになっていました。はじめに、なんこもっていましたか」

②何算になるかな?

T「この問題は何算になるかな?　ひき算?　たし算?」

C「うーん、どっちだろう……」

C「わかった!」

T「じゃあ、たし算と思う人は赤色、ひき算と思う人は緑色のカードを提出してみよう」

（提出箱に提出する時間をとる）

T「では、提出箱を見てみましょう」

C「式が分かれた!」

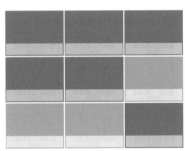

C「どっちだろう」

T「たし算とひき算かで分かれたね。

今日の学習は、みんなが何算になる

のかがわかるようになることをゴールとしよう」

ここで、1時間の授業の終わりのゴールをみんなで共有をしました。

③テープ図で表してみよう

T「この問題がたし算になるのか、ひき算になるのか。どうやって考えよう」

C「図を使って考えようかな」

C「それいいね!」

T「どんな図を使うの?　算数アイテム（クラウド）を見てごらん」

（算数アイテムを見る時間を設ける）

T「どの図を使う?」

C「テープ図を使う！」

T「じゃあ、この問題をテープ図で表してみよう」

（テープ図に問題を表す時間を設ける。早くできた子は立ち歩き、自分が描いたテープ図を使って、説明をしていく）

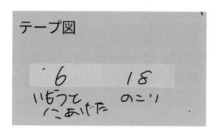

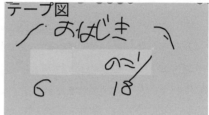

T「では、全体で確認していきましょう」

（前に映し出しながら説明をしていく）

T「結局、たし算ということだね。どういう式になるかな」

C「18 + 6 = 24」

T「18というのは何？」

C「残ったおはじきの数だよ」

T「6というのは何？」

C「あげたおはじきの数だよ」

T「そうだね。残ったおはじき、あげたおはじきをたすと最初に持っていたおはじきになるんだね」

C「うん、うん」

T「実はこれは答えを求める式なんだよ」

C「え⁉　違う式があるの？」

T「そう。問題を表す式というのがあるんだよ」

C「へぇー」

T「はじめのおはじきの数は何個？」

C「わからない」

T「わからないよね。だから□と書きます。何個あげたの？」

C「6個」

T「そう。だから□−6と書きます。残りは何個？」

C「18個」

T「そう。だから、□−6＝18と書きます」

C「なるほど」

T「これが問題を表す式で、みんなが書いたのは答えを求める式になるということです」

C「難しそう……」

T「では、違う問題で問題を表す式を書いてみよう」

（違う問題を提示、問題を表す式、答えを求める式、答えを求めた）

【参考・引用文献】

・学校図書　『みんなと学ぶ小学校算数』１年上・下、２年上・下
・文部科学省『小学校学習指導要領解説（平成29年告示）算数編』日本文教出版、2018
・国立教育政策研究所教育課程研究センター『「指導と評価の一体化」のための学習評価に関する参考資料 小学校 算数』東洋館出版社、2020
・有田和正『新ノート指導の技術』明治図書出版、1996
・中原忠男『算数・数学教育における構成的アプローチの研究』聖文新社、1995
・数学教育協議会『算数・数学つまずき事典』日本評論社、2012
・小島宏『算数授業つまずきの原因と支援』教育出版、2005
・熊谷恵子『通常学級で役立つ　算数障害の理解と指導法―みんなをつまずかせない！　すぐに使える！　アイディア48』学研プラス、2018
・日本数学教育学会『算数教育指導用語辞典』教育出版、2018
・武藤徹『算数・数学用語辞典』東京堂出版、2010
・正木孝昌『受動から能動へ―算数科二段階授業をもとめて』東洋館出版社、2007
・樋口万太郎『３つのステップでできる! ワクワク子どもが学びだす算数授業♪』明治図書出版、2021
・樋口万太郎『GIGAスクール構想で変える! １人１台端末時代の算数授業づくり』明治図書出版、2021
・樋口万太郎『これでどの子も文章題に立ち向かえる! 算数授業づくり』学陽書房、2019
・坪田耕三『算数科　授業づくりの基礎・基本』東洋館出版社、2014
・坪田耕三『算数科　授業づくりの発展・応用』東洋館出版社、2017
・算数科学習指導要領解説
・筑波大学附属小学校算数研究部『初等教育学 算数科基礎基本講座』東洋館、2019

【参考・引用サイト】

・「令和の日本型学校教育」の構築を目指して〜全ての子供たちの可能性を引き出す、個別最適な学びと、協働的な学びの実現〜（答申）
https://www.mext.go.jp/content/20210126-mxt_syoto02-000012321_2-4.pdf

・算数用語集　算数用語とその指導のポイント
https://www.shinko-keirin.co.jp/keirinkan/sansu/WebHelp/

・明治図書
1人1台タブレット端末実践は一日にして成らず〔1〕
https://www.meijitosho.co.jp/eduzine/mhiguchi/?id=20210826

1人1台タブレット端末実践は一日にして成らず〔2〕
https://www.meijitosho.co.jp/eduzine/mhiguchi/?id=20220041

・学校図書の「みんなと学ぶ　小学校算数1〜6年　早わかり系統表　領域編」
https://www.gakuto.co.jp/docs/ps/sansu/pdf/R2s_sansu_predigree_chart_area3.pdf

・E. FORUM スタンダード（第1次案）
https://e-forum.educ.kyoto-u.ac.jp/files/sansu_elementary.pdf

・順思考・逆思考／算数用語集
https://www.shinko-keirin.co.jp/keirinkan/sansu/WebHelp/02/page2_09.html

おわりに

　本書をお読みいただき、ありがとうございました。本書が読者にとって、タブレット端末活用の算数授業を有効に行うための一助、さらには教育観や児童観のアップデートするための一助になれば幸いです。

　私はこれまで、教科の中で算数科が1番タブレット端末を使いづらいと主張してきました。それはもうすでに算数科には教具というアナログの優れたものがあるからです。だからこそ、アナログをデジタルに置き換えるという発想ではなく、アナログとデジタルのハイブリッドの形という発想を求めていかないといけません。

　そして、低学年だからデジタルを使用することは早いという考えではなく、低学年のうちからデジタルを使用できるところで使用をしていくという考えが求められています。本書においても、1年生でここまで使えるのかと思われたことでしょう。

　私はこれまでありがたいことに「教科×タブレット端末」の書籍や原稿を多く書かせてもらいましたが、本書がその集大成になるといっても過言ではありません。また、私がこれから書く「算数科×タブレット端末」の書籍や原稿のベースは本書であるとも断言できます。

　本書は低学年編になりますが、中学年、高学年の3冊が揃ったとき、1冊の本が完成する。そんな思いで本書を書き上げました。同じ打ち合わせをしておきながら、同じテーマでありながら、同じ書式でありながら、きっとそれぞれの先生の色が出た三者三様の書籍になっているのではないでしょうか。でも、きっと大切なことは共通しているはずです。それこそが、算数科の本質といわれるところ、指導や支援をしていく上で大切なことなのだと思います。タブレット端末を算数授業で取り入れるときには、使い方といった方法論だけでなく、算数科の本質自体を考えなければ、うまくは活用することはできません。

　こんなことを書いておきながら、実は中学年編、高学年編の本は読んでおりません。「え!?」と思われたかもしれませんが、理由があります。

中学年の執筆者である志田倫明先生（新潟大学附属新潟小学校）、高学年の執筆者である加固希支男先生（東京学芸大学附属小金井小学校）は素晴らしき実践家です。お二人の実践をみると、「こんなアプローチがあったのか」「ここでこの発問か!?」などと悔しくなることが多々あります。この二人には負けたくないと思ってしまう先輩方です。だから、お二人の原稿を読むと、引用ばかりしてしまうのではないかと思い、私にしか書けないタブレット端末実践の原稿がある、そんな思いで本書を仕上げました。だから、もしよろしければ、自分の担当する学年だけを購入するのではなく、3冊を購入し、読み進めてもらえるととても嬉しく思います。

　本書は、京都大学の石井英真先生にお声かけいただき、執筆させていただきました。心より感謝申し上げます。3ページの石井先生のコメントは私へのラブレターのように感じ、初めて読んだときに涙が出そうになりました。それと同時にもっとこれからも精進するように！　という叱咤激励のメッセージのようにも受け取ることができました。これからも「タブレット端末をどう使うか」ではなく、「〜という見方を働かせるためにタブレット端末をどう使用していくのか」「〜ということを考えるためにタブレット端末をどう使用していくのか」といったように、「算数の本質×タブレット端末」の実践を積み重ねていこうと思います。もうタブレット端末なしの算数授業はあり得ないのですから。

　前任校である京都教育大学附属桃山小学校の元1年1組の樋口学級の素敵な34人の子供たち、ありがとうございました。34人の子供たちからこのようなときにタブレット端末を使用すると有効だということや逆に学びの妨げになるということを教わりました。きっとみなさんに出会わなければ、本書は完成しなかったことでしょう。感謝の気持ちでいっぱいです。

　最後になりましたが、編集のときからあたたかく見守っていただき、出版に至るまでお力添えいただきました学芸みらい社の樋口雅子様には大変お世話になりました。この場を借りて心よりお礼申し上げたいと思います。

2022年5月

香里ヌヴェール学院小学校　教諭兼研究員　樋口万太郎

［監修者］

石井英真（いしい　てるまさ）

京都大学大学院教育学研究科准教授、博士（教育学）

日本教育方法学会理事、日本カリキュラム学会理事、文部科学省「児童生徒の学習評価に関するワーキング・グループ」委員など。

主な著書に、『再増補版・現代アメリカにおける学力形成論の展開-スタンダードに基づくカリキュラムの設計-』（単著、東信堂）、『時代を拓いた教師たち』I・II、『GIGAスクールのなかで教育の本質を問う』（共に共著、日本標準）、『今求められる学力と学びとは―コンピテンシー・ベースのカリキュラムの光と影―』、『未来の学校―ポスト・コロナの公教育のリデザイン』（共に単著、日本標準）、『小学校発アクティブ・ラーニングを超える授業―質の高い学びのヴィジョン「教科する」授業-』（編著、日本標準）、『授業づくりの深め方―「よい授業」をデザインするための５つのツボ』（単著、ミネルヴァ書房）、『中学校「荒れ」克服 10の戦略―本丸は授業改革にあった！』（共著、学事出版）、『新しい教育評価入門―人を育てる評価のために』（共著、有斐閣）、『流行に踊る日本の教育』（編著、東洋館出版社）、『授業改善８つのアクション』（編著、東洋館出版社）、『教育学年報11 教育研究の新章』（共編著、世織書房）、『ヤマ場をおさえる学習評価（小学校編・中学校編）』（共編著、図書文化社）など。

［著者］

樋口万太郎（ひぐち　まんたろう）

1983年大阪府生まれ。 大阪府公立小学校、大阪教育大学附属池田小学校、京都教育大学附属桃山小学校を経て、大阪府・私立香里ヌヴェール学院小学校に勤務、現在に至る。

学校図書教科書「小学校算数」編集委員、『GIGA School時代の学級づくり』『これから教壇に立つあなたに伝えたいこと』（東洋館出版社）、『対話型叱り方』『子どもの問いからはじまる授業！』（学陽書房）、『GIGAスクール構想で変える！１人１台端末時代の授業づくり』（明治図書出版社）ほか著書多数。

学習者端末　活用事例付
算数教科書のわかる教え方　1・2年

GAKUGEI MIRAISHA

2022年8月5日　初版発行

監修者　石井英真
著　者　樋口万太郎
発行者　小島直人
発行所　株式会社学芸みらい社
　　　　〒162-0833　東京都新宿区筐笥町31番　筐笥町SKビル3F
　　　　電話番号 03-5227-1266
　　　　https://www.gakugeimirai.jp/
　　　　E-mail : info@gakugeimirai.jp
印刷所・製本所　藤原印刷株式会社
企　画　樋口雅子
校　正　菅洋子
装丁・本文組版　小沼孝至

ISBN978-4-86757-004-3 C3037

日本全国の書店と、弊社オンラインショップ"mirai online shop"などのネット書店でご注文・ご購入いただけます。

算数授業に効く！

〔1〜3年生編〕

"とっておきの語り"175選

木村重夫〔編著〕　A5判 並製：184ページ予定／予価：2,400円＋税
ISBN:978-4-909783-90-3 C3037

「算数って面白い！」
子どもが身を乗り出してくる、
教師の声かけ実例集！

子どもを励まし、やる気にさせる「語り」の
ポイントを学年ごと、単元ごとにまとめた
算数授業の最新版。GIGA時代にも対応し、
タブレットやパソコンで的確に教える
ための教具や用語の使い方、授業での発問・
指示・説明の場面などをわかりやすく解説。

ICT活用の
学力づくり
＋
基礎基本の学力
やる気を出す
教師の語りかけ

もくじ より抜粋

教室熱中！ めっちゃ楽しい
算数難問 1問選択システム

動画のマスコット「ライオンくん」（作：山戸 麦）

うーん、難しい。／出来そう！／出来た！

●木村重夫＝責任編集
☆B5版・136頁平均・本体2,300円（税別）

デジタル時代に対応！ よくわかる動画で解説

　各ページに印刷されているQRコードからYouTubeの動画にすぐにアクセスできます。問題を解くポイントを音声で解説しながら、わかりやすい動画で解説します。授業される先生にとって「教え方の参考」になること請け合いです。教室で動画を映せば子どもたち向けのよくわかる解説になります。在宅学習でもきっと役立つことでしょう。

教科書よりちょっぴり難しい「ちょいムズ問題」

　すでに学習した内容から、教科書と同じまたはちょっぴり難しいレベルの問題をズラーッと集めました。教科書の総復習としても使えます。20問の中から5問コース・10問コース・全問コースなどと自分のペースで好きな問題を選んで解きます。1問1問は比較的簡単ですが、それがたくさん並んでいるから集中します。

子ども熱中の難問を満載！

　本シリーズは、子どもが熱中する難問を満載した「誰でもできる難問の授業システム事典」です。みなさんは子どもが熱中する難問の授業をされたことがありますか？　算数教科書だけで子ども熱中の授業を作ることは高度な腕を必要とします。しかし、選び抜かれた難問を与えて、システムとして授業すれば、誰でも子ども熱中を体感できます。

これが「子どもが熱中する」ということなんだ！

　初めて体験する盛り上がりです。時間が来たので終わろうとしても「先生まだやりたい！」という子たち。正答を教えようとしたら「教えないで！　自分で解きたい！」と叫ぶ子たち。今まで経験したことがなかった「手応え」を感じることでしょう。

授業の腕が上がる新法則シリーズ　全13巻

監修：谷 和樹（玉川大学教職大学院教授）

新指導要領対応！

新教科書による「新しい学び」時代、幕開け！
2020年度からの授業スタイルを「見える化」誌面で発信！

4大特徴

| 基礎単元＋新単元をカバー | 授業アイデア＆スキル大集合 |
| 授業イメージ、一目で早わかり | 新時代のデジタル認識力を鍛える |

◆「国語」授業の腕が上がる新法則
村野 聡・長谷川博之・雨宮 久・田丸義明 編
978-4-909783-30-1　C3037　本体1700円（+税）

◆「社会」授業の腕が上がる新法則
川原雅樹・桜木泰自 編
978-4-909783-32-5　C3037　本体1700円（+税）

◆「算数」授業の腕が上がる新法則
木村重夫・林 健広・戸村隆之 編
978-4-909783-31-8　C3037　本体1700円（+税）

◆「理科」授業の腕が上がる新法則※
小森栄治・千葉雄二・吉原尚寛 編
978-4-909783-33-2　C3037　本体2400円（+税）

◆「生活科」授業の腕が上がる新法則※
勇 和代・原田朋哉 編
978-4-909783-41-7　C3037　本体2400円（+税）

◆「音楽」授業の腕が上がる新法則
関根朋子 編
978-4-909783-34-9　C3037　本体1700円（+税）

◆「図画工作」授業の腕が上がる新法則
1～3年生編※
酒井臣吾・谷岡聡美 編
978-4-909783-35-6　C3037　本体2400円（+税）

◆「図画工作」授業の腕が上がる新法則
4～6年生編※
酒井臣吾・上木信弘 編
978-4-909783-36-3　C3037　本体2400円（+税）

◆「家庭科」授業の腕が上がる新法則
白石和子・川津知佳子 編
978-4-909783-40-0　C3037　本体1700円（+税）

◆「体育」授業の腕が上がる新法則
村田正樹・桑原和彦 編
978-4-909783-37-0　C3037　本体1700円（+税）

◆「道徳」授業の腕が上がる新法則
1～3年生編
河田孝文・堀田和秀 編
978-4-909783-38-7　C3037　本体1700円（+税）

◆「道徳」授業の腕が上がる新法則
4～6年生編
河田孝文・堀田和秀 編
978-4-909783-39-4　C3037　本体1700円（+税）

◆「プログラミング」授業の腕が上がる新法則
許 鍾萬 編
978-4-909783-42-4　C3037　本体1700円（+税）

各巻A5判並製
※印はオールカラー

激動する社会の変化に対応する教育へのパラダイムシフト —— 谷 和樹

PBIS（ポジティブな行動介入と支援）というシステムを取り入れているアメリカの学校では「本人の選択」という考え方が浸透しています。その時の子ども本人の心や体の状態によって、できることは違います。それを確認し、あくまでも本人にその時の行動を選ばせるという方法です。これと教科の指導とを同じに考えることはできないかも知れません。しかし、「本人の選択」を可能にする学習サービスが世界的に広がり、増え続けていることもまた事実です。

また、写真、動画、Webページなど、全教科のあらゆる知識をデジタルメディアで読む機会の方が多くなっているのが今の社会です。そうした「デジタル読解力」について、今の学校のカリキュラムは十分に対応しているとは言えません。

子どもたち「本人の選択」を保障する考え方、そして幅広い「デジタル読解力」を必須とする考え方を公教育の中で真剣に考える時代が到来しつつあります。

本書ではこうしたニーズにできるだけ答えたいと思いました。

本書の読者のみなさんの中から、そうした問題意識をもち、一緒に研究を進めていただける方がたくさん出てくださることを心から願っています。